東山村

新石器时代遗址发掘报告

［下册］

南京博物院　张家港市文管办　张家港博物馆　编著

文物出版社

北京·2016

DONGSHANCUN SITE

The Neolithic Period Excavation Report

III

(With an English Abstract)

by

Nanjing Museum

Zhangjiagang Municipal Commission for Conservation of Ancient Monuments

Zhangjiagang Museum

Cultural Relics Press

Beijing · 2016

图 版 目 录

1.东山村遗址及周边区域卫星航拍图

2.东山村遗址卫星地图

图版1-3-1 东山村遗址位置

1.东山村遗址远景（2008年拍摄，西—东）

2.东山村遗址远景（1990年拍摄，可见遗址北面的镇山。西南—东北）

图版1-3-2 东山村遗址远景

图版2-2-1 东山村遗址近景（2009年拍摄，西—东）

图版2-2-2 东山村遗址2008年考古发掘启动仪式

1.遗址Ⅰ区篮球场地发掘前场景（东南—西北）

2.遗址Ⅰ区T1706和T1806发掘现场（南—北）

图版2-2-3 遗址Ⅰ区篮球场地发掘前后场景

1.遗址 I 区保护大棚（西—东）

2.遗址 II 区发掘前场景（东南—西北）

图版2-2-4 遗址 I 区保护大棚及遗址 II 区发掘前场景

1.遗址Ⅱ区发掘现场（东北—西南）

2.遗址Ⅱ区发掘现场（东北—西南）

图版2-2-5 遗址Ⅱ区发掘现场

1.遗址Ⅱ区保护大棚（南—北）

2.遗址Ⅲ区发掘前场景（北—南）

图版2-2-6　遗址Ⅱ区保护大棚及遗址Ⅲ区发掘前场景

1.遗址Ⅲ区发掘现场（东北—西南）

2.遗址Ⅲ区发掘现场（东北—西南）

图版2-2-7　遗址Ⅲ区发掘现场

图版2-2-8 专家领导视察

1.2009年11月21日黄景略先生（右一）和
江苏省文物局刘谨胜副局长（右二）、
李民昌处长（左一）视察工地

2.2009年11月21日严文明先生（右二）、
杨晶先生（左二）视察工地

3.2009年11月21日严文明先生（右二）、
赵辉先生（左三）视察工地

图版2-2-8 专家领导视察

1.2009年11月25日张忠培先生（左四）
视察工地

2.2009年11月28日李伯谦先生（左二）、
王巍先生（左三）视察工地

3.2009年12月18日国家文物局张柏
副局长（左六）视察工地

图版2-2-9 专家领导视察

1.2010年1月23日徐光冀先生（右二）
视察工地

2.2010年1月23日国家文物局关强司长
（左三）视察工地

3.2010年1月23日陈星灿先生（左）、
邹厚本先生（右）视察工地

图版2-2-10　专家领导视察

1.2010年6月11日国家文物局单霁翔
局长（左三）视察工地

2.2011年3月18日国家文物局顾玉才
副局长（右二）视察工地

3.2014年5月28日国家文物局励小捷
局长（前中）参观东山村遗址文物展

图版2-2-11 领导视察

1.2009年12月18日南京博物院龚良院长（右一）视察工地

2.2009年10月27日张家港市委书记黄钦（左一）视察工地

3.2010年9月4日张家港市委副书记、市长徐美建（左）视察工地

图版2-2-12 领导视察

1.2010年9月4日苏州市市长阎立（右三）视察工地

2.2011年1月31日张家港市委书记姚林荣（左一）
　视察东山村遗址工地

3.2013年11月1日张家港市委副书记、市长
　朱立凡（左三）参观东山村遗址文物展

图版2-2-13　领导视察

1.张忠培先生为东山村遗址题字

2.张忠培先生为东山村遗址题字

图版2-2-14　专家题字

1.严文明先生为东山村遗址题字

2.李伯谦先生为东山村遗址题字

图版2-2-15 专家题字

1.张柏先生为东山村遗址题字

2.王巍先生为东山村遗址题字

图版2-2-16 专家领导题字

1.遗址Ⅰ区T2006南壁剖面

2.遗址Ⅰ区T2006西壁剖面

图版3-2-1　遗址Ⅰ区地层剖面

1.遗址Ⅰ区T1905西壁剖面

2.遗址Ⅲ区T0510东壁剖面

图版3-2-2　遗址Ⅰ区、Ⅲ区地层剖面

1.F6（东—西）

图版4-1-1　马家浜文化房址F6

1.F6红烧土堆积

2.红烧土块

3.红烧土块

图版4-1-2　F6的红烧土堆积及其内的红烧土块

F6:1

图版4-1-3 F6出土陶釜

1.鼎（F6：4）

2.豆（F6：2）

3.三足盉（F6：3）

图版4-1-4　F6出土陶鼎、豆、盉

1.H12（东—西）

2.H23（西南—东北）

图版4-2-1 马家浜文化灰坑H12、H23

1.H18（北—南）

2.釜（H18：1）

图版4-2-2 马家浜文化灰坑H18及其出土陶釜

1.H35（西—东）

2.H25（北—南）

3.管（H25：1）

图版4-2-3 马家浜文化灰坑H25、H35及H25出土玉管

图版4-3-1 遗址Ⅰ区、Ⅲ区部分马家浜文化墓葬

1.遗址Ⅰ区部分马家浜文化墓葬（北—南）

2.遗址Ⅲ区部分马家浜文化墓葬（南—北）

图版4-3-1 遗址Ⅰ区、Ⅲ区部分马家浜文化墓葬

1.M40（北—南）

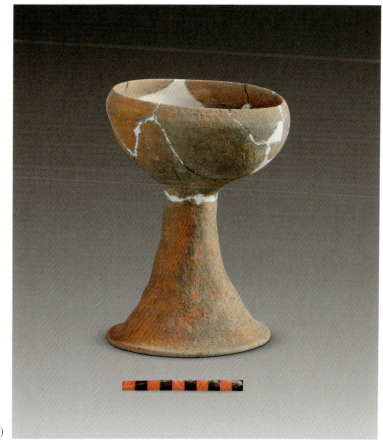

2.钵形豆（M40：1）

图版4-3-2　马家浜文化墓葬M40及其出土陶豆

1.M61（东—西）

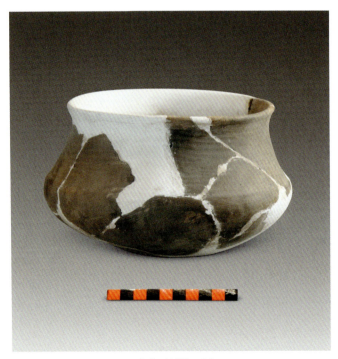

2.钵（M61：3）

3.器盖（M61：1）

图版4-3-3 马家浜文化墓葬M61及其出土陶钵、器盖

1.M62（南—北）

2.陶盉、钵出土情形（东北—西南）

图版4-3-4 马家浜文化墓葬M62及其随葬陶器出土情形

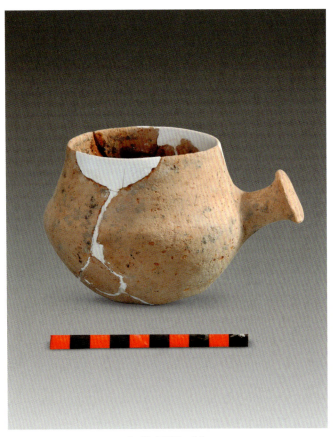

1.罐（M62：3）

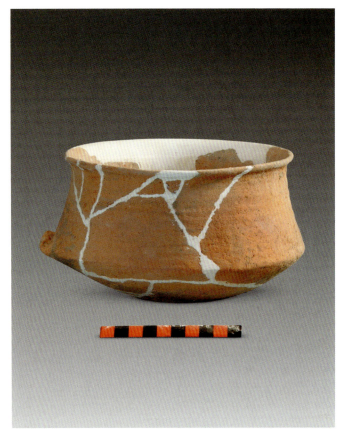

2.钵（M62：2）

3.盉（M62：1，正面报

4.盉（M62：1，侧面）

图版4-3-5　M62出土陶罐、钵、盉

1.M65（东北—西南）

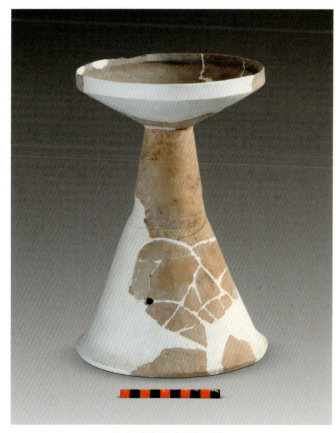

2.盘形陶豆（M65：2）

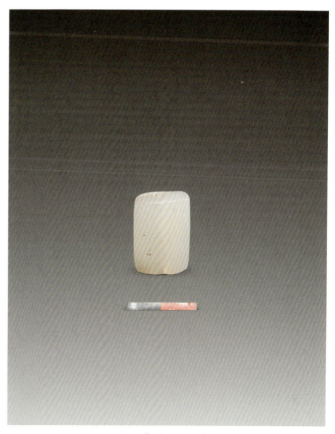

3.玉管（M65：1）

图版4-3-6 马家浜文化墓葬M65及其出土陶豆、玉管

1.M67（东北—西南）

2.陶豆、杯等出土情形（东北—西南）

图版4-3-7 马家浜文化墓葬M67及其随葬陶器出土情形

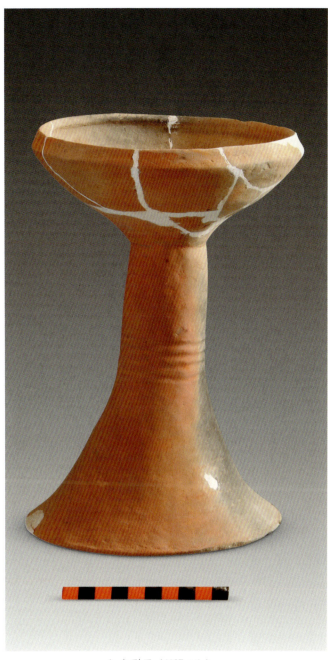

1.盘形豆（M67：1）

2.罐（M67：3）

3.圈足杯（M67：2）

图版4-3-8　M67出土陶豆、罐、杯

1.M68清理前开口（西南—东北）

2.M68清理后（东北—西南）

4. 管（M68:1）

3.陶钵、豆出土情形（东—西）

5. 管（M68:6）

图版4-3-9　马家浜文化墓葬M68及其出土玉管

1. 盘形豆（M68：3）

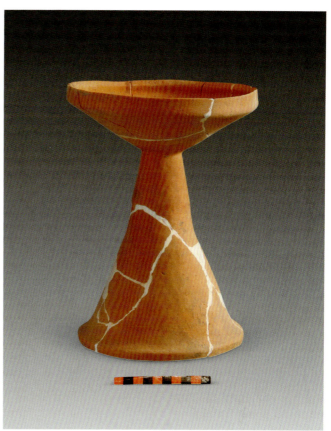

2. 盘形豆（M68：5）

3. 盆（M68：4）

图版4-3-10　M68出土陶豆、盆

1.M73（东北—西南）

2.陶豆、纺轮出土情形（东北—西南）

图版4-3-11 马家浜文化墓葬M73及其随葬陶器出土情形

1.盘形豆（M73：1）

2.纺轮（M73：2）

图版4-3-12　M73出土陶豆、纺轮

1.M19（西南—东北）

2.钵形豆（M19:2）

3.钵形豆（M19:5）

图版4-3-13　马家浜文化墓葬M19及其出土陶豆

M19:4

图版4-3-14　M19出土陶甑

1.M78（西南—东北）

2.陶釜出土情形（西北—东南）

图版4-3-15 马家浜文化墓葬M78及其随葬陶釜出土情形

1.圜底釜（M78:1）

2.圜底釜（M78:2）

图版4-3-16 M78出土陶釜

1.灶（M78：4，正面）

2.灶（M78：4，侧面）

3.盘形豆盘（M78：3）

图版4-3-17　M78出土陶灶、豆盘

1.M79（北—南）

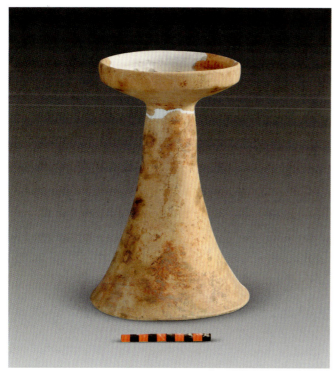

2.盘形陶豆（M79：1）

3.石锛（M79：2）

图版4-3-18 马家浜文化墓葬M79及其出土陶豆、石锛

1.M80（西南—东北）

2.平底釜（M80：1）

图版4-3-19 马家浜文化墓葬M80及其出土陶釜

1.M86（东北—西南）

2.圜底釜（M86：1）

3.盘形豆（M86：2）

图版4-3-20 马家浜文化墓葬M86及其出土陶釜、豆

1.M97清理情况（东北—西南）

2.玉器出土情形（东南—西北）

图版4-3-21 马家浜文化墓葬M97及其随葬玉器出土情形

1.陶罐（M97：8）

2.玉锛（M97：1）

3.玉璜（M97：2）

4.玉玦（M97：3）

5.带柄钺形玉饰（M97：5）

6.长条形玉饰（M97：4）

7.长条形玉饰（M97：6）

图版4-3-22　M97出土陶罐及玉锛、璜、玦、带柄钺形饰、长条形饰

M97：7

图版4-3-23　M97出土陶尖底瓶

1.M100清理前开口（西—东）

2.M100清理后（东—西）

图版4-3-24 马家浜文化墓葬M100清理前后

1.陶豆及石钺、锛、凿等出土情形（南—北）

2.盘形豆（M100：3）

图版4-3-25 M100随葬器物出土情形及其出土陶豆

1.钺（M100：5）

2.钺（M100：6）

3.锛（M100：2）

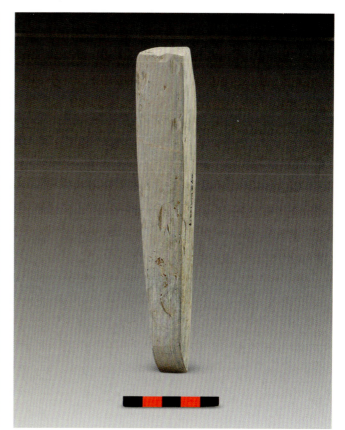

4.凿（M100：1）

图版4-3-26 M100出土石钺、锛、凿

图版4-3-27 马家浜文化墓葬M101（两一东）

1.M101清理前开口（西—东）

2.M101清理后（东—西）

图版4-3-28　M101清理前后

1.墓主头部左侧陶器出土情形（东—西）

2.陶鼎和陶豆出土情形（东—西）

图版4-3-29 M101随葬陶器出土情形

1.墓主下颌处玉璜出土情形（南—北）

2.墓主左右手腕处玉管和管形饰出土情形（北—南）

图版4-3-30 M101随葬玉器出土情形

1.凿形足鼎（M101：29）

2.凿形足鼎（M101：30）

图版4-3-31 M101出土陶鼎

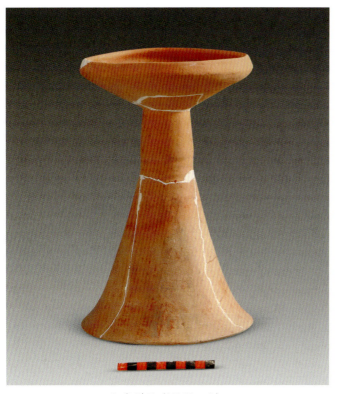

1.盘形豆（M101：2）

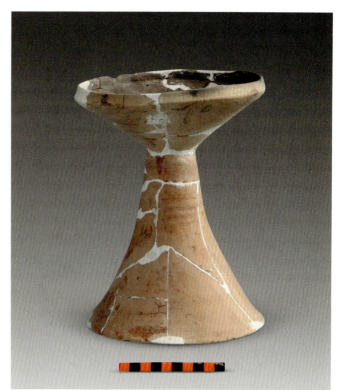

2.盘形豆（M101：4）

3.子母口豆（M101：31）

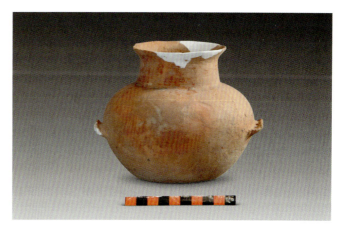

4.罐（M101：6）

5.盆（M101：1）

图版4-3-32　M101出土陶豆、罐、盆

1.陶钵（M101：3）

4.陶盉（M101：7，正面）

2.陶钵（M101：33）

5.陶盉（M101：7，侧面）

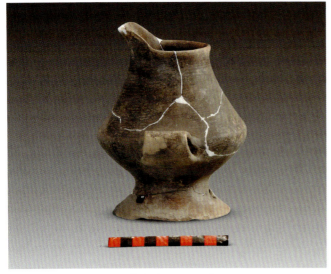

3.陶盉（M101：5）

6.石纺轮（M101：32）

图版4-3-33　M101出土陶钵、盉及石纺轮

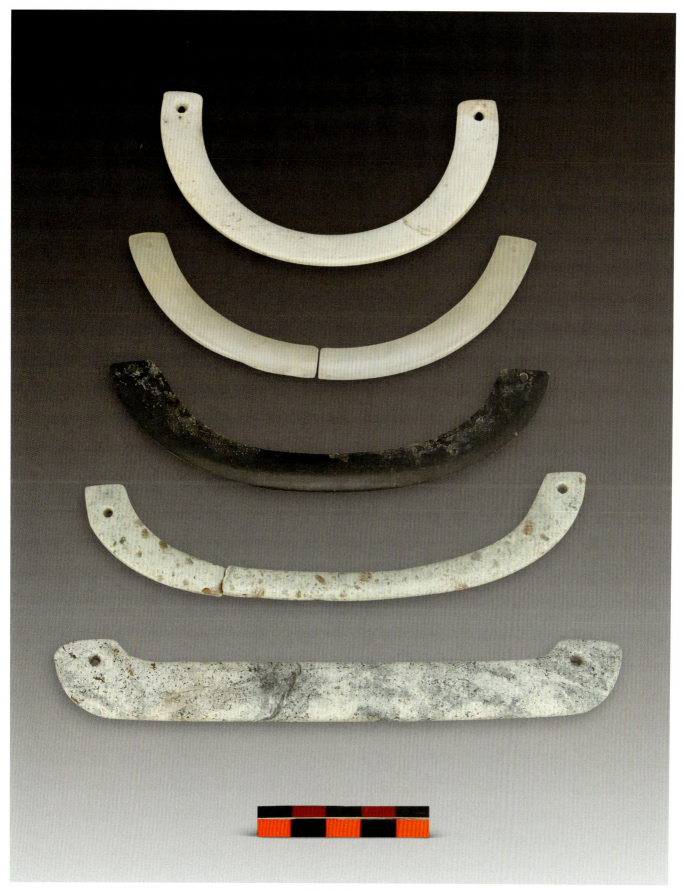

M101：8~12

图版4-3-34　M101出土玉璜合照

1.M101∶8

2.M101∶8钻孔细部

3.M101∶8钻孔细部

图版4-3-35　M101出土玉璜

1.M101：9

2.M101：9钻孔细部

3.M101：9钻孔细部

图版4-3-36　M101出土玉璜

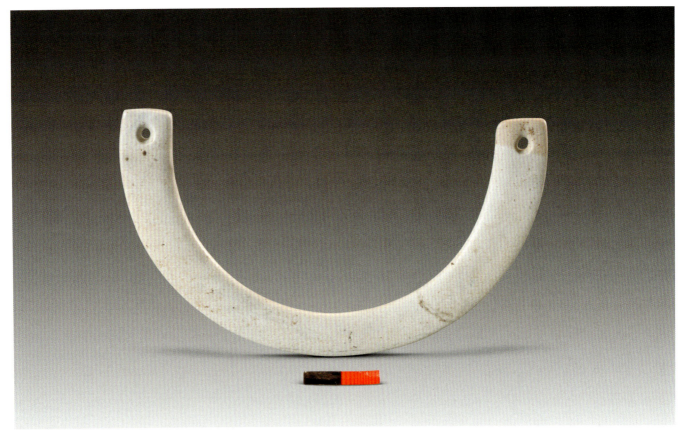

1.M101：10

2.M101：10钻孔细部

3.M101：10钻孔细部

图版4-3-37　M101出土玉璜

1.M101：11

2.M101：11钻孔细部

3.M101：11钻孔细部

图版4-3-38　M101出土玉璜

1.M101：12

2.M101：12钻孔细部

3.M101：12钻孔细部

4.M101：12钻孔细部

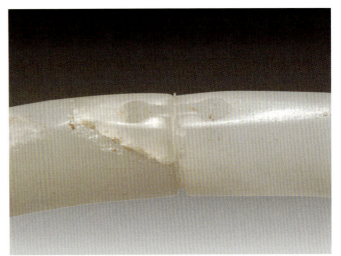

5.M101：12钻孔细部

图版4-3-39　M101出土玉璜

1.M101：13

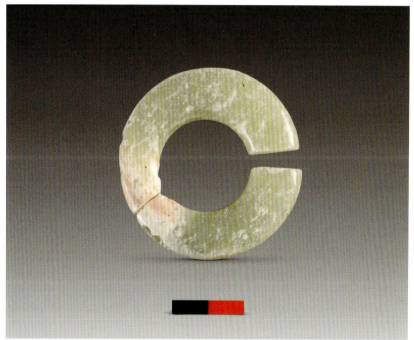

2.M101：14

3.M101：14系孔细部

图版4-3-40 M101出土玉玦

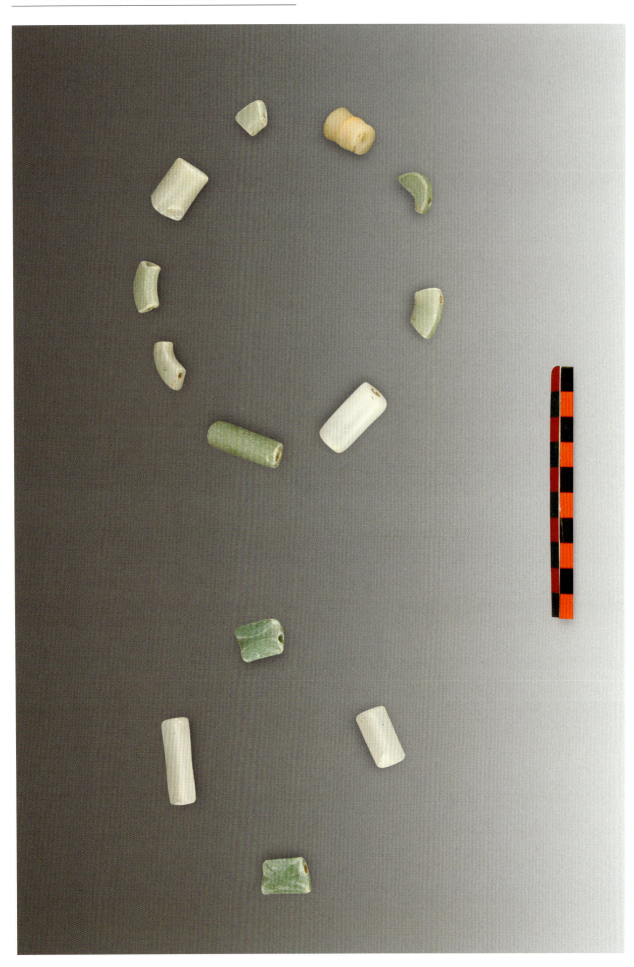

图版4-3-41　M101出土玉管、管形饰合照

1.M101：15

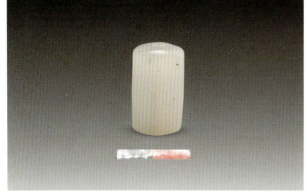

3.M101：19

4.M101：20

5.M101：21

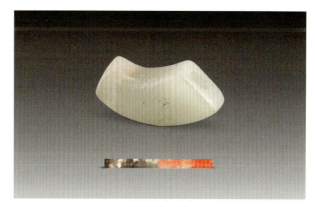

6.M101：22

7.M101：24

8.M101：25

2.M101：16

图版4-3-42　M101出土玉管

1.管（M101：17）

2.管（M101：18）

3.管（M101：26）

4.管（M101：28）

5.管形饰（M101：23）

6.管形饰（M101：27）

图版4-3-43　M101出土玉管、管形饰

1.M103清理前开口（东—西）

2.M103清理后（西—东）

图版4-3-44 马家浜文化墓葬M103清理前后

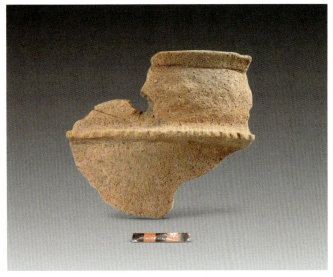

1.釜口沿（T1606-1⑥：3）

2.釜口沿（T1606-1⑥：4）

3.鼎足（T1606-1⑥：2）

4.豆柄（T1606-1⑥：5）

5.钵（T1606-1⑥：6）

6.牛鼻耳（T1606-1⑥：1）

图版4-4-1 马家浜文化地层T1606-1⑥层出土陶器标本

1.釜口沿（T1606-1⑦：1）

2.豆柄（T1606-1⑦：2）

图版4-4-2　马家浜文化地层T1606-1⑦层出土陶器标本

1.T1606-1⑧：4（正面）

2.T1606-1⑧：4（侧面）

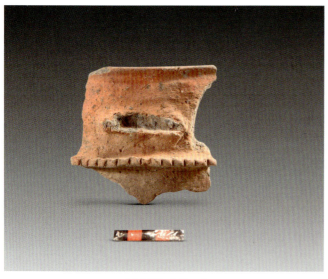

3.T1606-1⑧：5

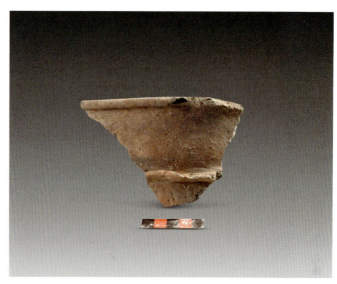

4.T1606-1⑧：7

5.T1606-1⑧：8

6.T1606-1⑧：9

图版4-4-3　马家浜文化地层T1606-1⑧层出土陶釜口沿

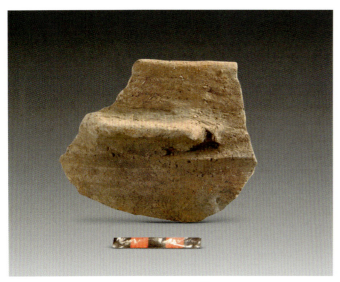

1.釜口沿（T1606-1⑧：10）

2.釜口沿（T1606-1⑧：11）

3.鼎足（T1606-1⑧：1）

4.豆柄（T1606-1⑧：13）

5.豆柄（T1606-1⑧：14）

6.盉把（T1606-1⑧：2）

7.尖底缸底（T1606-1⑧：12）

图版4-4-4　马家浜文化地层T1606-1⑧层出土陶器标本

1.鼎足（T1606-1⑨：1）

2.鼎足（T1606-1⑨：2）

3.鼎足（T1606-1⑨：3）

4.豆柄（T1606-1⑪：2）

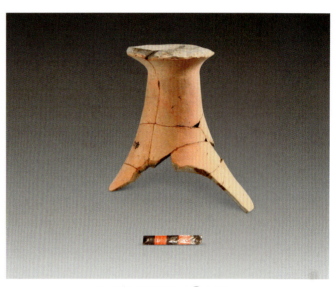

5.豆柄（T1606-1⑪：4）

6.豆盘（T1606-1⑪：3）

7.牛鼻耳（T1606-1⑪：1）

图版4-4-5　马家浜文化地层T1606-1⑨、⑪层出土陶器标本

1.釜口沿（T1606-1⑬：2）

2.釜口沿（T1606-1⑬：1）

3.豆柄（T1606-1⑬：4）

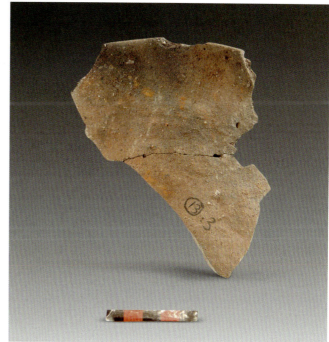

4.盆口沿（T1606-1⑬：3）

图版4-4-6 马家浜文化地层T1606-1⑬层出土陶器标本

1.豆盘（T1905⑥：4）

2.豆柄（T1905⑥：2）

3.豆柄（T1905⑥：3）

4.罐口沿（T1905⑥：5）

5.罐口沿（T1905⑥：6）

6.罐口沿（T1905⑥：7）

7.盆口沿（T1905⑥：8）

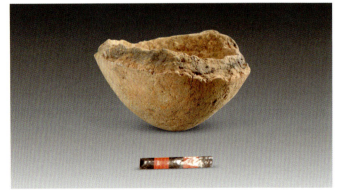

8.尖底缸底（T2006⑥：1）

图版4-4-7　马家浜文化地层T1905、T2006⑥层出土陶器标本

1.釜口沿（T1905⑦：2）

6.罐口沿（T1905⑦：6）

2.釜口沿（T1905⑦：3）

7.罐口沿（T2006⑦：1）

3.豆柄（T1905⑦：4）

4.豆柄（T1905⑦：8）

8.盆（T2006⑦：2）

5.罐口沿（T1905⑦：5）

9.盆口沿（T1905⑦：7）

图版4-4-8　马家浜文化地层T1905、T2006⑦层出土陶器标本

1.釜口沿（T1905⑧：1）

2.釜口沿（T1905⑧：2）

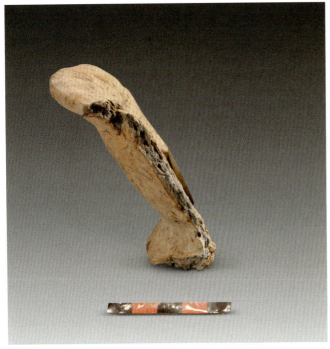

3.釜口沿（T2006⑧：2）

4.牛鼻耳（T2006⑧：1）

图版4-4-9　马家浜文化地层T1905、T2006⑧层出土陶器标本

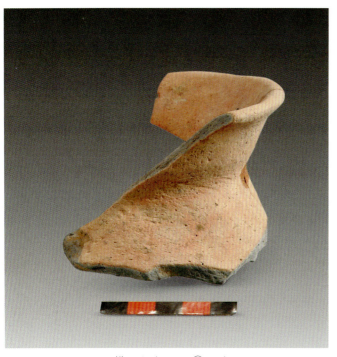

1.罐口沿（T1905⑨：2）

2.盆口沿（T1905⑨：3）

3.尖底缸底（T2006⑨：1）

图版4-4-10 马家浜文化地层T1905、T2006⑨层出土陶器标本

1.釜口沿（T1905⑪：2）

2.豆柄（T1905⑪：3）

3.豆柄（T1905⑪：5）

4.豆柄（T2006⑪：4）

5.豆盘（T2006⑪：5）

6.罐口沿（T1905⑪：1）

图版4-4-11　马家浜文化地层T1905、T2006⑪层出土陶器标本

1.盆口沿（T1905⑪：4）

2.牛鼻耳（T2006⑪：1）

3.牛鼻耳（T2006⑪：2）

4.牛鼻耳（T2006⑪：3）

图版4-4-12　马家浜文化地层T1905、T2006⑪层出土陶器标本

1.T1905⑪：6

2.T1905⑪：6

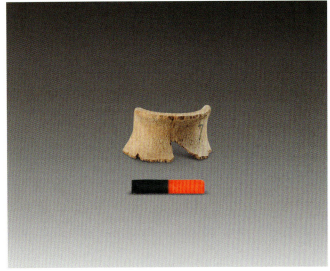

3.T1905⑪：7

4.T1905⑪：8

5.T1905⑪：9

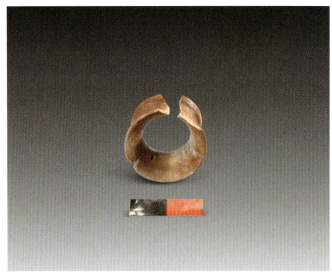

6.T1905⑪：13

图版4-4-13　马家浜文化地层T1905⑪层出土骨环

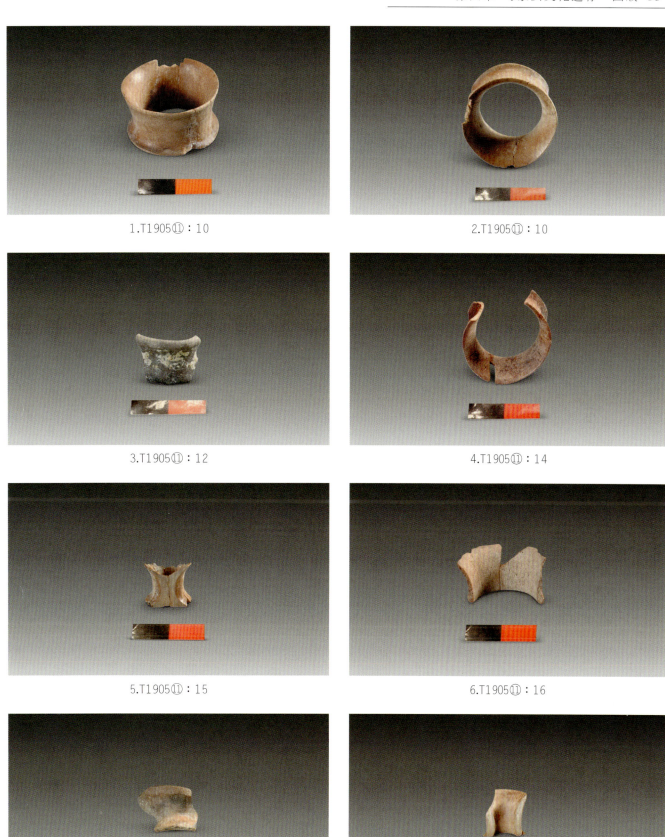

1.T1905⑪：10

2.T1905⑪：10

3.T1905⑪：12

4.T1905⑪：14

5.T1905⑪：15

6.T1905⑪：16

7.T1905⑪：17

8.T1905⑪：18

图版4-4-14 马家浜文化地层T1905⑪层出土骨环

1.骨针（T1905⑪：19）

2.骨针（T1905⑪：21）

3.骨锥（T1905⑪：20）

4.骨锥（T1905⑪：22）

5.骨锥（T1905⑪：23）

图版4-4-15　马家浜文化地层T1905⑪层出土骨器标本

1.豆柄（T2006⑫：1）

2.豆柄内套接痕迹（T2006⑫：1）

图版4-4-16　马家浜文化地层T1905⑫层出土陶豆柄

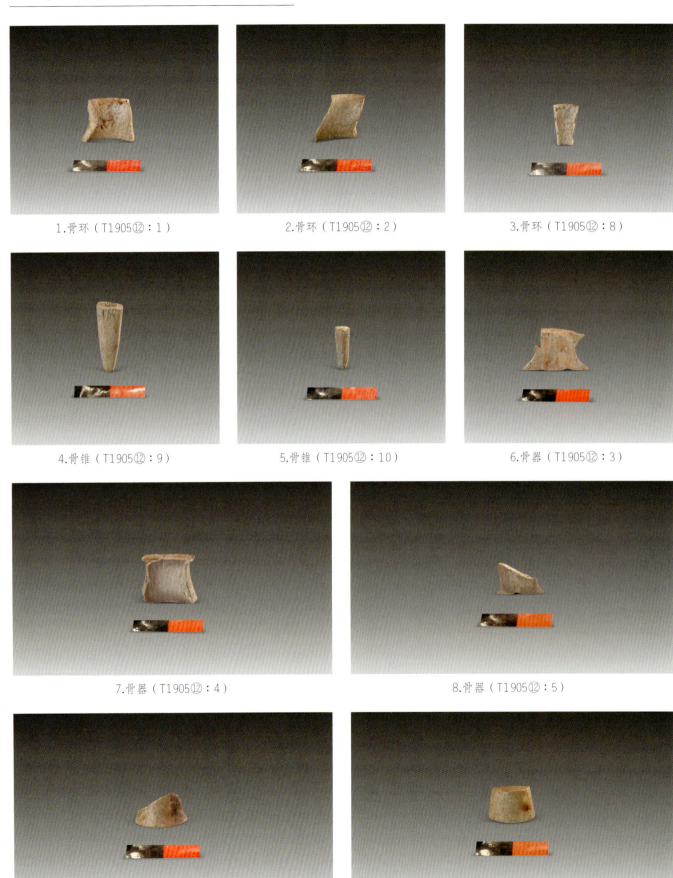

1.骨环（T1905⑫：1）　　　　2.骨环（T1905⑫：2）　　　　3.骨环（T1905⑫：8）

4.骨锥（T1905⑫：9）　　　　5.骨锥（T1905⑫：10）　　　　6.骨器（T1905⑫：3）

7.骨器（T1905⑫：4）　　　　　　　　8.骨器（T1905⑫：5）

9.骨器（T1905⑫：6）　　　　　　　　10.骨器（T1905⑫：7）

图版4-4-17　马家浜文化地层T1905⑫层出土骨器标本

1.釜口沿（T2006⑬：1）

2.豆柄（T2006⑬：2）

3.豆柄（T2006⑬：3）

4.豆柄（T2006⑬：4）

5.盆口沿（T2006⑬：5）

6.钵口沿（T2006⑬：6）

图版4-4-18 马家浜文化地层T2006⑬层出土陶器标本

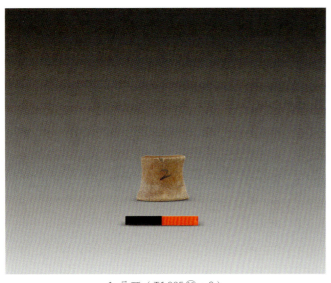

1.骨环（T1905⑬：2）

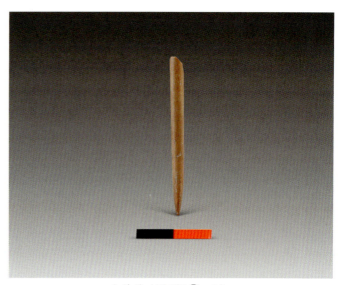

2.骨针（T1905⑬：4）

3.骨锥（T1905⑬：5）

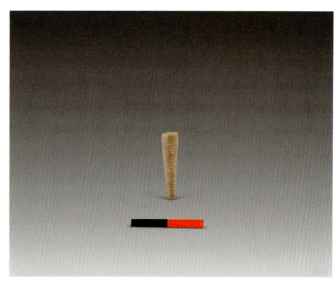

4.骨锥（T1905⑬：6）

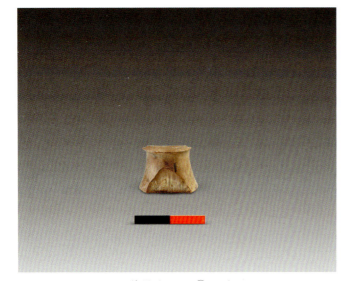

5.骨器（T1905⑬：1）

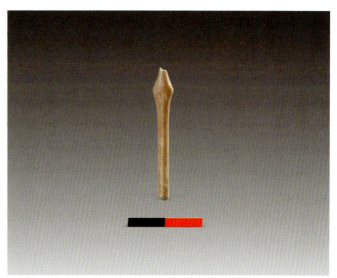

6.骨器（T1905⑬：3）

图版4-4-19　马家浜文化地层T1905⑬层出土骨器标本

1.釜口沿（T2006⑭：4）

2.鼎口沿（T2006⑭：3）

3.豆柄（T2006⑭：5）

4.豆柄（T2006⑭：6）

5.豆柄（T2006⑭：8）

6.盆口沿（T2006⑭：7）

图版4-4-20 马家浜文化地层T2006⑭层出土陶器标本

1.T0511⑥:2

2.T0511⑥:3

3.T0511⑥:4

4.T0611⑥:4

5.T0611⑥:5

6.T0611⑥:6

图版4-4-21　马家浜文化地层T0511、T0611⑥层出土陶釜口沿

1.釜口沿（T0611⑥：12）

2.釜口沿（T0611⑥：14）

3.釜口沿（T0611⑥：15）

4.釜口沿（T0611⑥：16）

5.甑把（T0610⑥：8）

6.灶口沿（T0611⑥：13）

图版4-4-22　马家浜文化地层T0610、T0611⑥层出土陶器标本

1.T0511⑥：1

2.T0611⑥：1

3.T0610⑥：3

4.T0611⑥：2

5.T0711⑥：2

6.T0711⑥：3

7.T0711⑥：11

图版4-4-23 马家浜文化地层T0511、T0610、T0611、T0711⑥层出土陶鼎足

1.T0511⑥：5

2.T0610⑥：6

3.T0610⑥：7

4.T0611⑥：9

5.T0611⑥：10

6.T0711⑥：4

7.T0711⑥：5

图版4-4-24　马家浜文化地层T0511、T0610、T0611、T0711⑥层出土陶豆盘

1.豆柄（T0611⑥：7）

2.豆柄（T0611⑥：8）

3.罐口沿（T0711⑥：8）

4.盆口沿（T0711⑥：6）

5.盆口沿（T0711⑥：7）

6.盉把（T0610⑥：4）

图版4-4-25 马家浜文化地层T0610、T0611、T0711⑥层出土陶器标本

1.尖底缸底（T0611⑥：11）

2.牛鼻耳（T0610⑥：1）

3.牛鼻耳（T0610⑥：2）

4.牛鼻耳（T0610⑥：5）

图版4-4-26　马家浜文化地层T0610、T0611⑥层出土陶器标本

1.釜口沿（T0711⑦：4）

4.罐口沿（T0608⑦：4）

2.鼎足（T0711⑦：2）

5.罐口沿（T0608⑦：5）

3.鼎足（T0711⑦：3）

图版4-4-27　马家浜文化地层T0608、T0711⑦层出土陶器标本

1.豆柄（T0608⑦：1）

4.豆盘（T0608⑦：3）

2.豆柄（T0608⑦：2）

5.豆盘（T0610⑦：1）

3.豆柄（T0711⑦：5）

6.牛鼻耳（T0711⑦：1）

图版4-4-28 马家浜文化地层T0608、T0610、T0711⑦层出土陶器标本

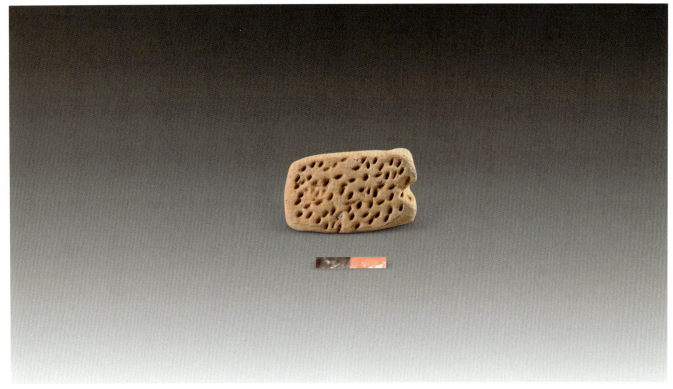

1.陶拍（T0610⑦：3）

2.石凿（T0608⑦：6）

3.石凿（T0608⑦：7）

图版4-4-29 马家浜文化地层T0608、T0610⑦层出土陶器、石器标本

图版5-1-1 崧泽文化房址F1～F5（东北—西南）

1.F1解剖前（东北—西南）

2.F1解剖前（北—南）

图版5-1-2 崧泽文化房址F1

1.F1隔梁打掉后情形（东北—西南）

2.F1内红烧土块上的芦苇痕迹

图版5-1-3　F1及其内红烧土块上的芦苇痕迹

1.F1北部陶器堆

2.陶豆出土情形

图版5-1-4 F1北部陶器堆及陶豆出土情形

图版5—1—5 F1解剖后（南—北）

图版5-1-6　F1解剖后（南—北）

1.F1门道（西—东）

2.F1中心柱（西—东）

3.F1中心柱（西—东）

图版5-1-7 F1门道及中心柱

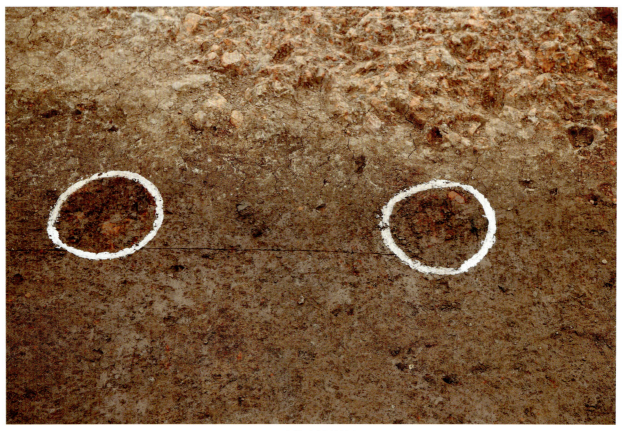

1.F1边柱（解剖前）

2.F1边柱（解剖后）

图版5-1-8　F1边柱解剖前后

1.釜（F1：4）

2.釜（F1：12）

3.罐底（F1：15）

4.钵（F1：8）

5.钵（F1：13）

6.器盖（F1：9）

图版5-1-9　F1出土陶釜、罐、钵、器盖

1.钵形豆（F1：1）

2.瓮（F1：6）

图版5-1-10 F1出土陶豆、瓮

1.陶纺轮（F1：7）

2.陶纺轮（F1：10）

3.陶纺轮（F1：16）

5.石锛（F1：3）

4.石锤（F1：19）

6.石纺轮（F1：11）

图版5-1-11　F1出土陶纺轮及石锤、锛、纺轮

1.石凿（F1：2）

2.石凿（F1：5）

3.玉玦（F1：17）

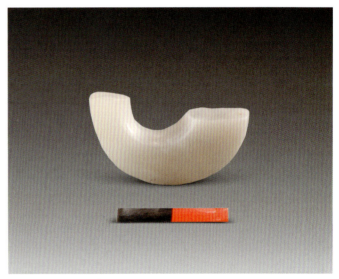

4.玉玦（F1：18）

5.玉管（F1：14）

图版5-1-12 F1出土石凿及玉玦、管

1.F2（俯拍，东北—西南）

2.F2（北—南）

图版5-1-13　崧泽文化房址F2

1.F3（东北—西南）

2.F3（东南—西北）

图版5-1-14 崧泽文化房址F3

1.F4柱洞清理前（北—南）

2.F4柱洞清理后（南—北）

图版5-1-15　崧泽文化房址F4

1.F4与F5（西南—东北）

2.F5（被现代水池打破，西—东）

图版5-1-16 崧泽文化房址F4、F5

1.T1内红烧土堆积（北—南）

2.T0710内红烧土堆积（南—北）

图版5-1-17 崧泽文化红烧土堆积

1.Z1清理后

2.Z1采用二分之一法进行解剖

3.Z1东侧灶眼上长期烧燎形成的烧土堆积

图版5-1-18 崧泽文化灶址Z1

1.Z2清理前

2.Z2清理后

3.Z2采用二分之一法进行解剖

图版5-1-19　崧泽文化灶址Z2

1.崧泽文化灰坑H2（北—南）

2.盉出土情形（H2：1）

3.盉（H2：1）

4.H3（南—北）

图版5-2-1 崧泽文化灰坑H2、H3及H2出土陶盉

1.鼎口沿（H41①：4）

2.鼎足（H41①：1）

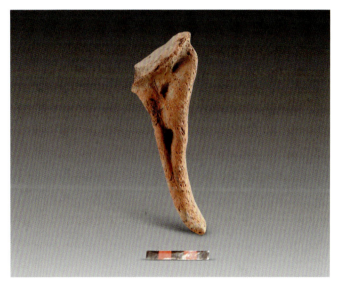

3.鼎足（H41①：2）

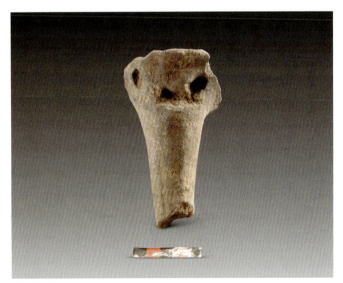

4.鼎足（H41①：13）

5.鼎足（H41①：14）

图版5-2-2　崧泽文化灰坑H41①层出土陶鼎口沿、足

1.豆盘（H41①：6）

2.豆盘（H41①：7）

3.豆柄（H41①：8）

6.豆柄（H41①：10）

4.豆柄（H41①：9）

5.豆柄（H41①：11）

7.豆柄（H41①：12）

图版5-2-3 H41①层出土陶豆盘、柄

1.罐口沿（H41①：5）

2.盆口沿（H41①：16）

3.盆口沿（H41①：17）

4.盖纽（H41①：15）

5.支座（H41①：3，正面）

6.支座（H41①：3，侧面）

图版5-2-4　H41①层出土陶罐口沿、盆口沿、盖纽、支座

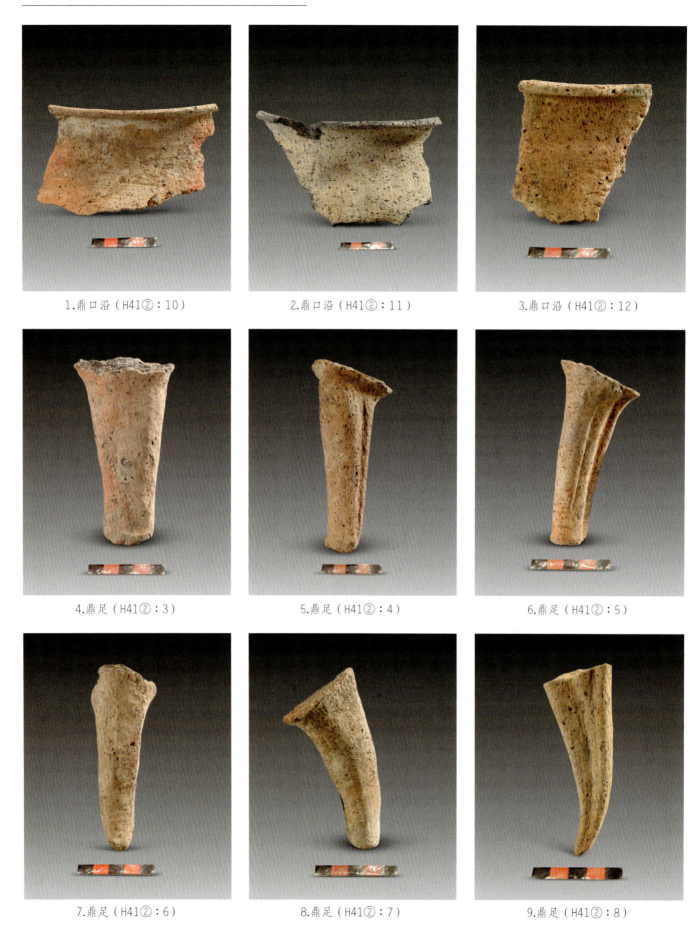

1.鼎口沿（H41②：10）　　2.鼎口沿（H41②：11）　　3.鼎口沿（H41②：12）

4.鼎足（H41②：3）　　5.鼎足（H41②：4）　　6.鼎足（H41②：5）

7.鼎足（H41②：6）　　8.鼎足（H41②：7）　　9.鼎足（H41②：8）

图版5-2-5　H41②层出土陶鼎口沿、足

1.豆柄（H41②：9）

3.器盖（H41②：1）

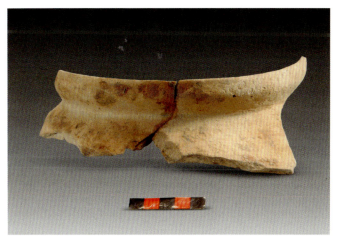

2.罐口沿（H41②：13）

4.盖纽（H41②：2）

图版5-2-6　H41②层出土陶豆柄、罐口沿、器盖

1.豆柄（H41③：3）

2.豆柄（H41③：4）

3.罐口沿（H41③：7）

4.罐口沿（H41③：8）

5.罐口沿（H41③：9）

图版5-2-7　H41③层出土陶豆柄、罐口沿

1.盆口沿（H41③：5）

2.盆口沿（H41③：6）

3.盖纽（H41③：1）

4.盖纽（H41③：2）

图版5-2-8　H41③层出土陶盆口沿、盖纽

1.H6清理前开口（北—南）

2.H6清理部分填土后（南—北）

图版5-2-9　崧泽文化灰坑H6

1.H7清理前开口 （北—南）

2.H7清理部分填土后（南—北）

图版5-2-10 崧泽文化灰坑H7

1.H8（东—西）

2.H22 清理前开口
（东—西）

3.H22采用二分之
一解剖法清理至
坑底（东—西）

图版5-2-11　崧泽文化灰坑H8、H22

1.H40（北—南）

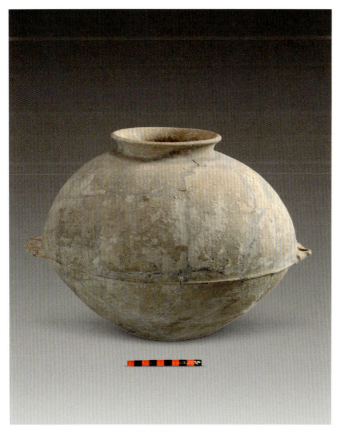

2.有腰脊罐（H40：3）

3.钵（H40：1）

图版5-2-12 崧泽文化灰坑H40及其出土陶罐、钵

1.有腰脊罐（H40：4 ）

2.H40：4腹部纹饰

3.H40：4肩部纹饰

图版5-2-13　H40出土陶罐

H40：2

图版5-2-14　H40出土陶大口缸

图版5-3-1 遗址 I 区崧泽文化墓地（东—西）

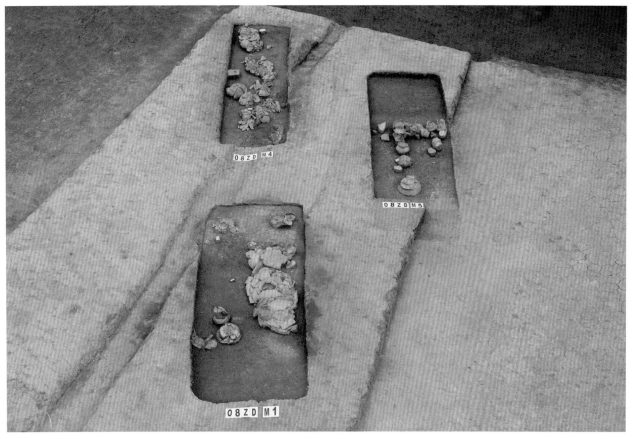

1.东南—西北

2.西南—东北

图版5-3-2　遗址Ⅰ区崧泽文化墓地局部

图版5-3-3　遗址Ⅲ区崧泽文化墓地航拍图（南—北）

图版5-3-4 遗址Ⅲ区崧泽文化墓地局部（西南—东北）

图版5-3-5 遗址Ⅲ区崧泽文化墓地局部（东南—西北）

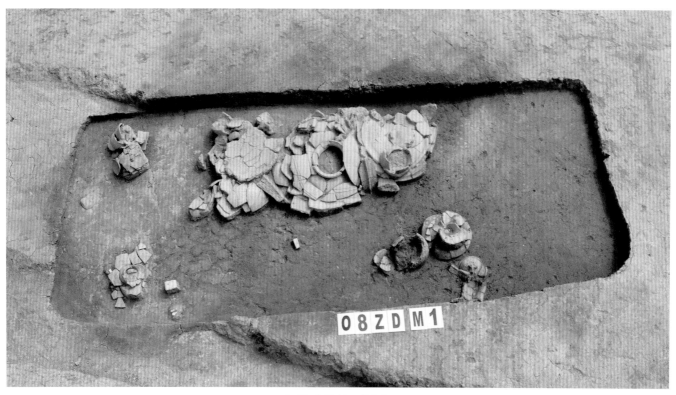

1.M1（西南—东北）

2.部分陶器出土情形（西南—东北）

图版5-3-6　崧泽文化墓葬M1及其随葬陶器出土情形

1.部分陶器出土情形（西北—东南）

2.部分陶器出土情形（西南—东北）

3.玉器出土情形（西北—东南）

图版5-3-7　M1随葬器物出土情形

1.铲形足鼎（M1∶13）

2.有腰脊罐（M1∶11）

图版5-3-8 M1出土陶鼎、罐

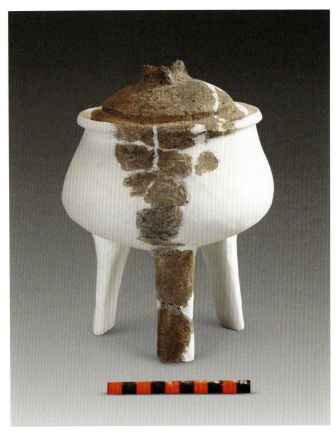

1.铲形足鼎（M1∶17）

3.碟形豆（M1∶5）

2.鼎盖（M1∶16-2）

4.盘形豆（M1∶15）

图版5-3-9　M1出土陶鼎、豆

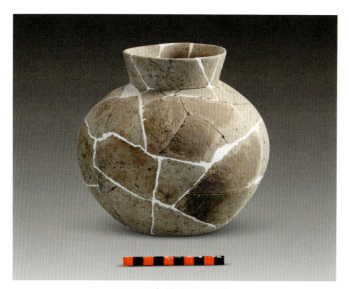

1.无腰脊罐（M1：8）

2.壶（M1：10）

3.壶（M1：12）

4.觚形杯（M1：6）

5.觚形杯（M1：7）

图版5-3-10　M1出土陶罐、壶、杯

1.石锛（M1：4）

3.长条形玉饰（M1：1）

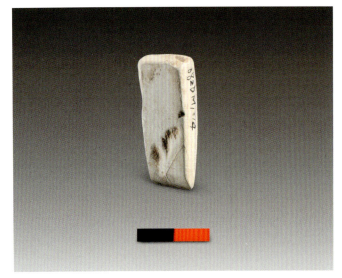

2.石锛（M1：14）

4.长条形玉饰（M1：2）

5.三角形玉饰（M1：3）

图版5-3-11 M1出土石锛及长条形玉饰、三角形玉饰

1.M2（东北—西南）

2.部分陶器出土情形（西南—东北）

图版5-3-12 崧泽文化墓葬M2及其随葬陶器出土情形

1.部分陶器出土情形（东北—西南）

2.部分陶器出土情形（东南—西北）

图版5-3-13　M2随葬陶器出土情形

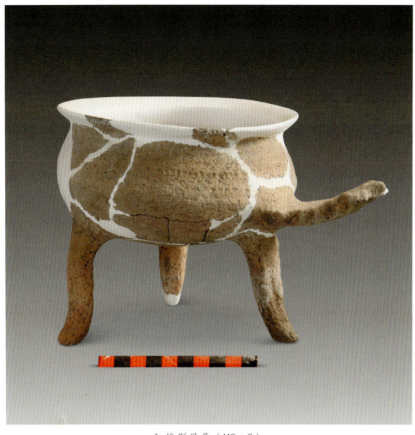

1.锥形足鼎（M2：9）

2.鼎盖（M2：14-2）

3.盘形豆（M2：6）

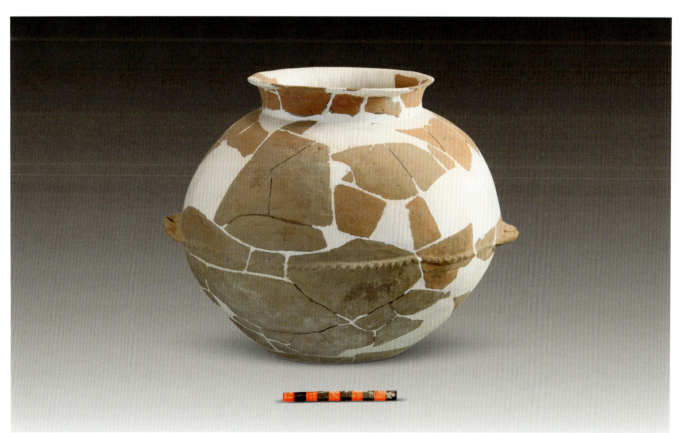

4.有腰脊罐（M2：10）

图版5-3-14　M2出土陶鼎、豆、罐

1.甑（M2:7）

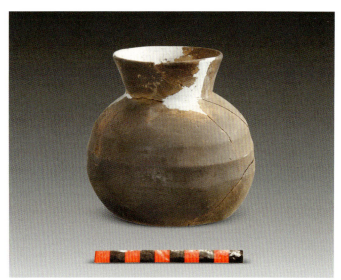

4.无腰脊罐（M2:1）

2.甑（M2:7，底部）

5.无腰脊罐（M2:4）

3.瓠形杯（M2:2）

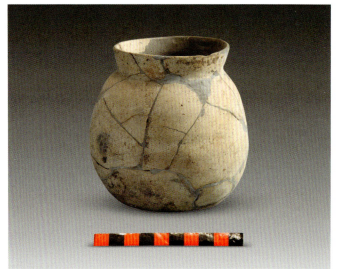

6.无腰脊罐（M2:5）

图版5-3-15　M2出土陶甑、罐、杯

1.M3（东北—西南）

3.盘形陶豆（M3：2）

2.凿形足陶鼎（M3：4）

4.石凿（M3：1）

图版5-3-16 崧泽文化墓葬M3及其出土陶鼎、豆及石凿

1.M4（东北—西南）

2.部分陶器、石器出土情形（西南—东北）

图版5-3-17　崧泽文化墓葬M4及其随葬器物出土情形

1.部分陶器、石器出土情形（东北—西南）

2.部分陶器、石器出土情形（西北—东南）

3.部分陶器、石器出土情形（西北—东南）

图版5-3-18 M4随葬器物出土情形

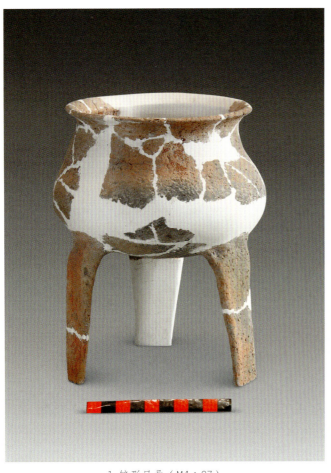

1.铲形足鼎（M4：27）

2.凿形足鬶（M4：25）

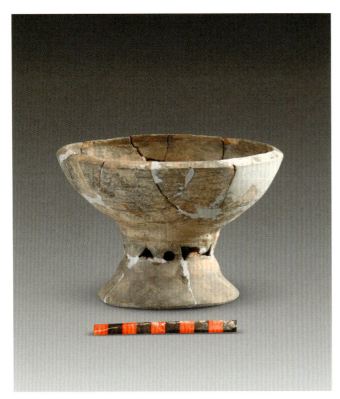

3.盘形豆（M4：22）

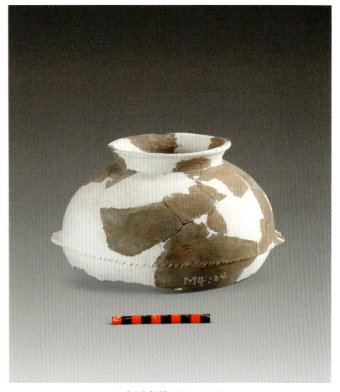

4.有腰脊罐（M4：24）

图版5-3-19　M4出土陶鼎、鬶、豆、罐

1.折肩折腹罐（M4：6）

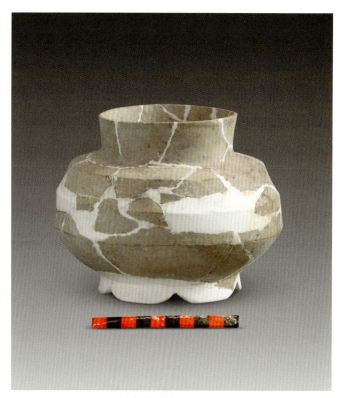

2.折肩折腹罐（M4：16）

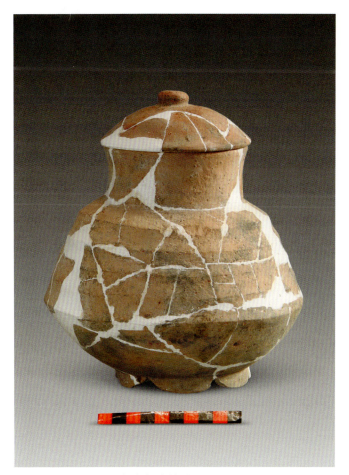

3..折肩折腹罐（M4：12）

4.M4：12盖面刻划纹

图版5-3-20 M4出土陶罐

1.无腰脊罐（M4：7）

2.圜底罐（M4：8）

3.无腰脊罐（M4：9）

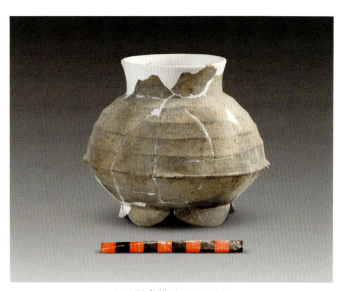

4.无腰脊罐（M4：21）

5.壶（M4：5）

6.匜（M4：23）

图版5-3-21　M4出土陶罐、壶、匜

1.觚形杯（M4：10）

2.觚形杯（M4：14）

3.觚形杯（M4：17）

4.觚形杯（M4：18）

5.觚形杯（M4：19）

6.觚形杯（M4：26）

图版5-3-22　M4出土陶杯

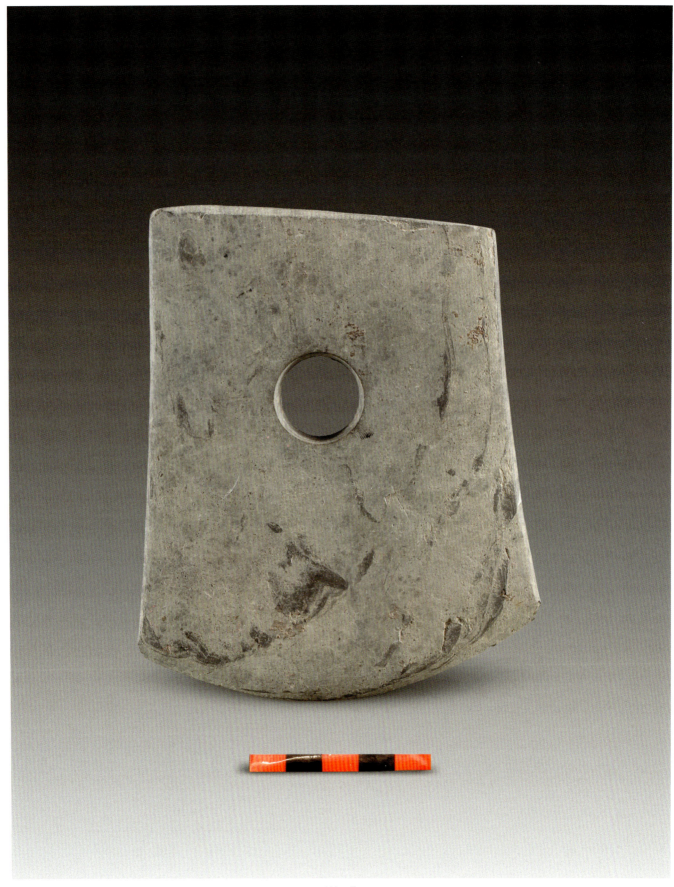

M4：3

图版5-3-23　M4出土石钺

1.石锛（M4：1）

2.石锛（M4：4）

3.石锛（M4：29）

4.石凿（M4：2）

5.石凿（M4：31）

6.三角形玉饰（M4：30）

图版5-3-24　M4出土石锛、凿及三角形玉饰

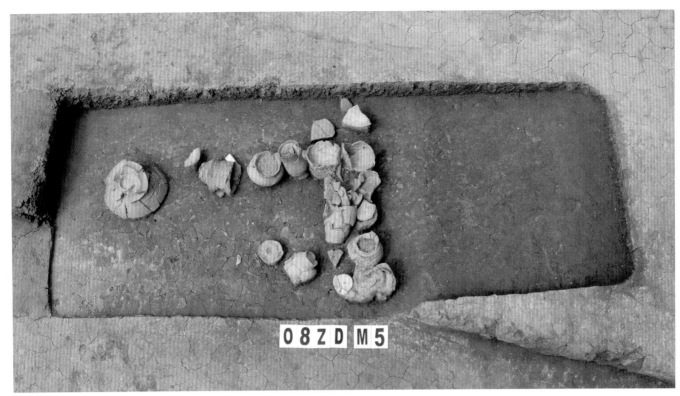

1.M5（东北—西南）

2.部分陶器出土情形（西北—东南）

图版5-3-25　崧泽文化墓葬M5及其随葬陶器出土情形

1.部分陶器出土情形（东南—西北）

2.石锛（M5∶10）

3.船形玉饰（M5∶1）

图版5-3-26 M5随葬陶器出土情形及其出土石锛、船形玉饰

1.盘形豆（M5：14）

2.折肩折腹罐（M5：3）

3.折肩折腹罐（M5：6）

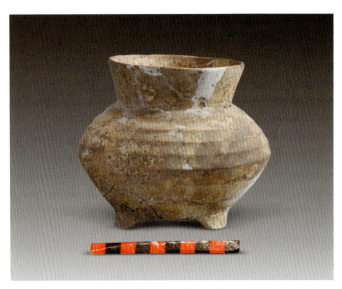

4.无腰脊罐（M5：12）

5.无腰脊罐（M5：5）

6.折肩折腹罐（M5：7）

图版5-3-27　M5出土陶豆、罐

1.壶（M5：8）

2.壶（M5：15）

3.杯盖（M5：2-2）

4.觚形杯（M5：4）

5.觚形杯（M5：9）

6.觚形杯（M5：11）

图版5-3-28　M5出土陶壶、杯

2.M9（西南—东北）

2.部分陶器出土情形（西南—东北）

图版5-3-29　崧泽文化墓葬M9及其随葬陶器出土情形

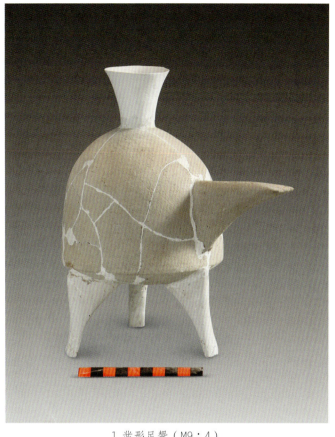

1.凿形足鬹（M9：4）

3.澄滤器（M9：2，内壁）

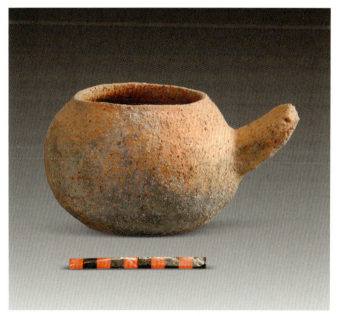

2.盉（M9：6）

4.澄滤器（M9：2）

图版5-3-30　M9出土陶鬹、盉、澄滤器

1.钵形豆（M9:1）

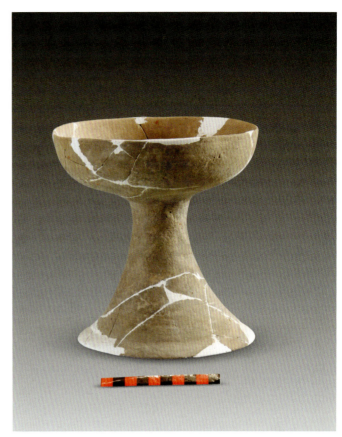

2.钵形豆（M9:8）

3.盘形豆（M9:5）

4.盘形豆（M9:7）

图版5-3-31　M9出土陶豆

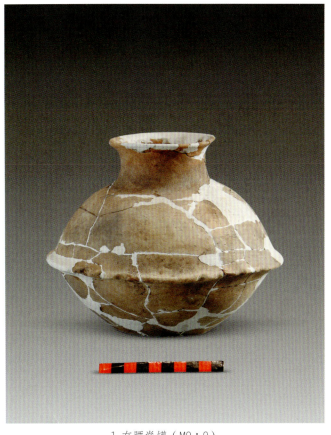

1.有腰脊罐（M9：9）

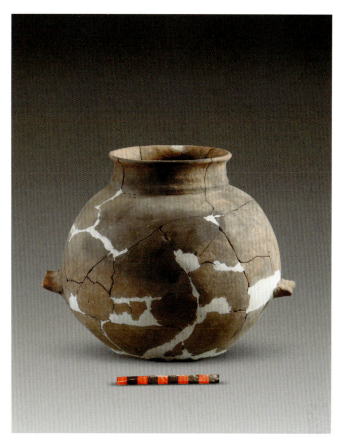

2.无腰脊罐（M9：11）

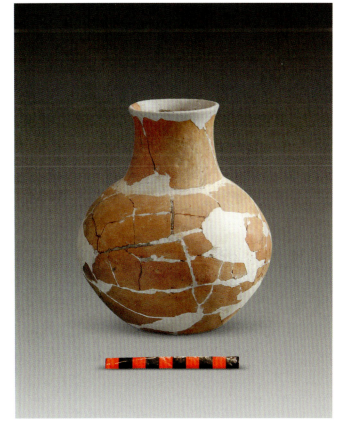

3.壶（M9：10）

4.纺轮（M9：3）

图版5-3-32　M9出土陶罐、壶、纺轮

1.M10（东北—西南）

2.钵形豆（M10：1）

3.无腰脊罐（M10：2）

4.钵（M10：3）

图版5-3-33　崧泽文化墓葬M10及其出土陶豆、罐、钵

1.M13（西南—东北）

2.盘形豆（M13:1）

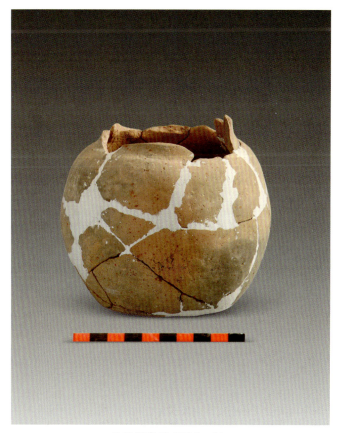

3.无腰脊罐（M13:2）

图版5-3-34 崧泽文化墓葬M13及其出土陶豆、罐

1.M14（东北—西南）

2.陶尊形器、纺轮出土情形（西南—东北）

图版5-3-35 崧泽文化墓葬M14及其随葬陶器出土情形

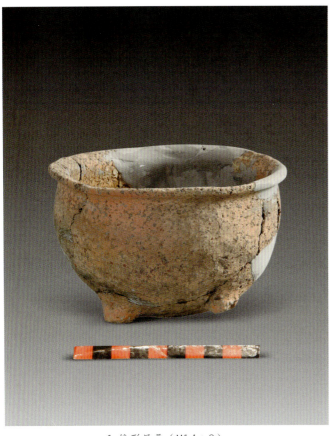

1.锥形足鼎（M14∶8）

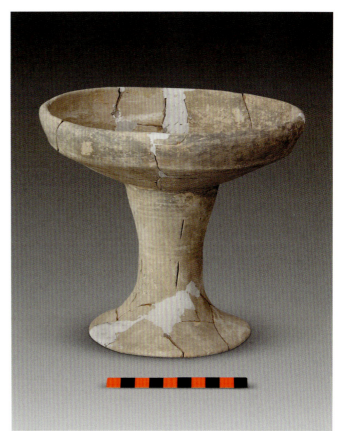

2.盘形豆（M14∶7）

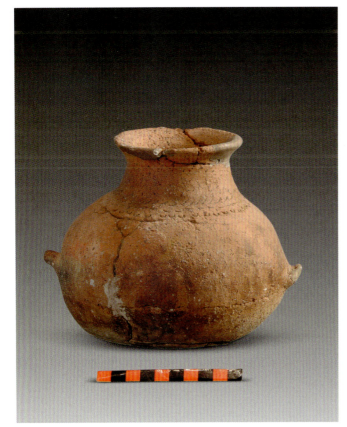

3.无腰脊罐（M14∶1）

4.尊形器（M14∶5）

图版5-3-36 M14出土陶鼎、豆、罐、尊形器

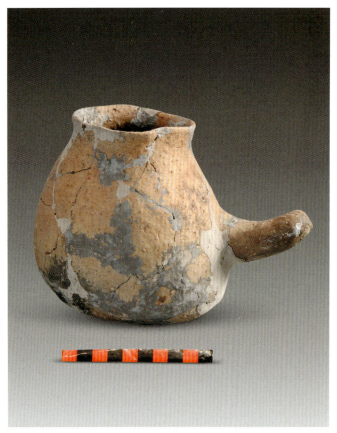

1.盉（M14:2，正面）

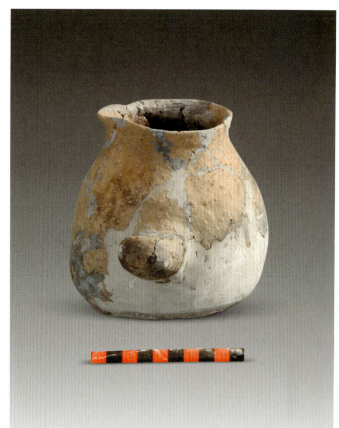

2.盉（M14:2，侧面）

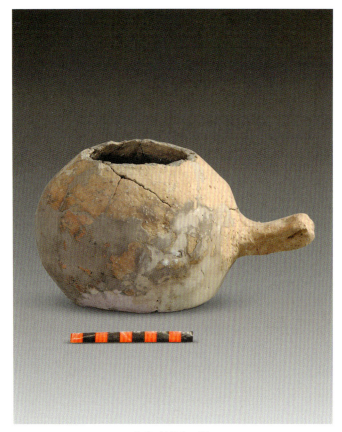

3.盉（M14:6）

4.纺轮（M14:4）

图版5-3-37　M14出土陶盉、纺轮

1.M15（东北—西南）

2.部分陶器出土情形（东南—西北）

图版5-3-38 崧泽文化墓葬M15及其随葬陶器出土情形

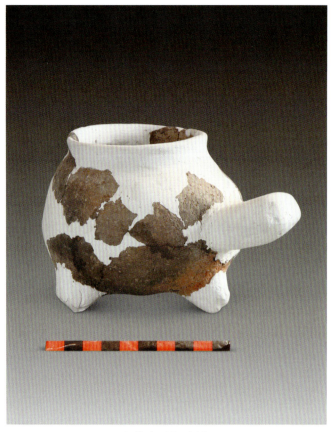

1.鼎（M15：13）

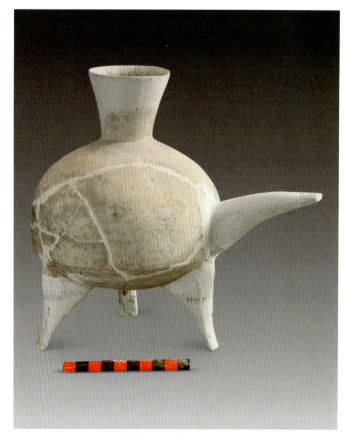

2.凿形足鬶（M15：11）

3.圜底罐（M15：10）

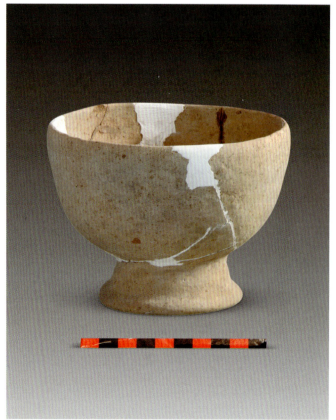

4.圈足杯（M15：7）

图版5-3-39 M15出土陶鼎、鬶、罐、杯

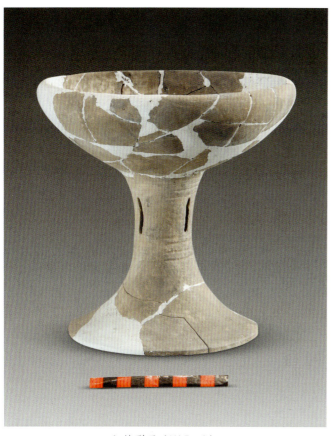

1.钵形豆（M15∶9）

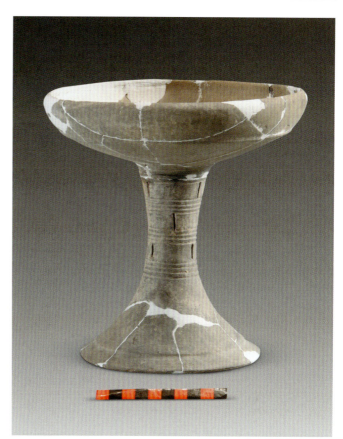

2.盘形豆（M15∶12）

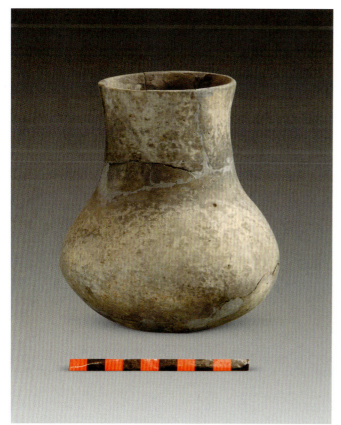

3.壶（M15∶6）

4.壶（M15∶14）

图版5-3-40　M15出土陶豆、壶

1.斧（M15:1）

2.斧（M15:3）

3.锛（M15:2）

4.锛（M15:4）

5.凿（M15:5）

图版5-3-41　M15出土石斧、锛、凿

1.M41（东北—西南）

2.陶饰（M41：2）

3.石锛（M41：1）

图版5-3-42 崧泽文化墓葬M41及其出土陶饰、石锛

1.M43（北—南）

2.盘形豆（M43:3）

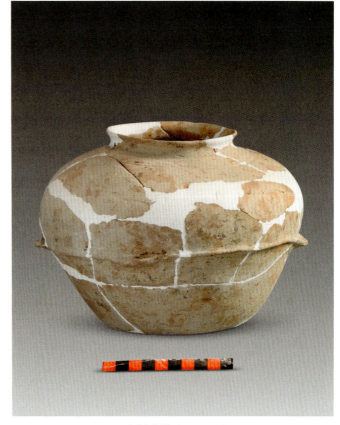

3.有腰脊罐（M43:2）

图版5-3-43　崧泽文化墓葬M43及其出土陶豆、罐

1.M50（西南—东北）

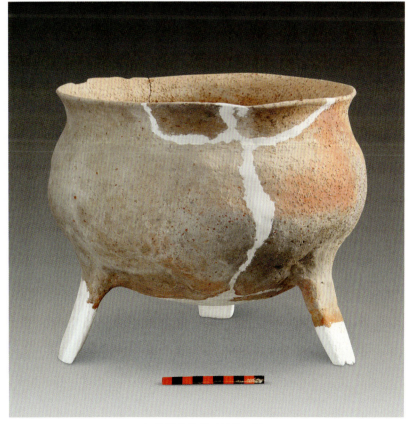

2.铲形足陶鼎（M50：2）

3.石锛（M50：1）

图版5-3-44　崧泽文化墓葬M50及其出土陶鼎、石锛

1.M51（南—北）

2.M54（西南—东北）

图版5-3-45　崧泽文化墓葬M51、M54

1.M52（西南—东北）

2.部分陶器出土情形（西北—东南）

图版5-3-46 崧泽文化墓葬M52及其随葬陶器出土情形

1.M52：4俯视

2.M52：4正视

图版5-3-47　M52出土陶澄滤器

1.M53（东北—西南）

2.澄滤器（M53：2）

图版5-3-48 崧泽文化墓葬M53及其出土陶澄滤器

1.M58清理情况（东北—西南）

2.铲形足鼎（M58：1）

图版5-3-49　崧泽文化墓葬M58及其出土陶鼎

1.M59（西南—东北）

2.钵（M59：1）

3.圆陶片（M59：2）

4.圆陶片（M59：3）

图版5-3-50　崧泽文化墓葬M59及其出土陶钵、圆陶片

1.M69（东北—西南）

2.盘形豆（M69∶1）

图版5-3-51 崧泽文化墓葬M69及其出土陶豆

1.M74（西—东）

2.石钺、凿出土情形（南—北）

图版5-3-52 崧泽文化墓葬M74及其随葬石器出土情形

1.盘形陶豆（M74：3）

2.石凿（M74：1）

3.石钺（M74：2，正面）

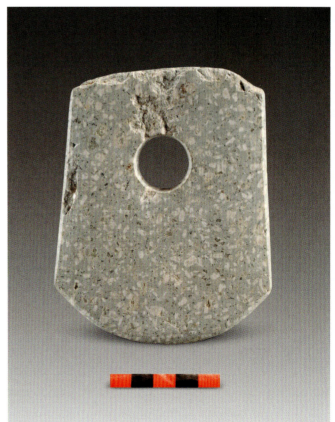

4.石钺（M74：2，背面）

图版5-3-53　M74出土陶豆及石凿、钺

1.M75（东北—西南）

2.部分陶器、石器出土情形（东北—西南）

图版5-3-54 崧泽文化墓葬M75及其随葬器物出土情形

1.铲形足鼎（M75：7）

2.盘形豆（M75：1）

图版5-3-55 M75出土陶鼎、豆

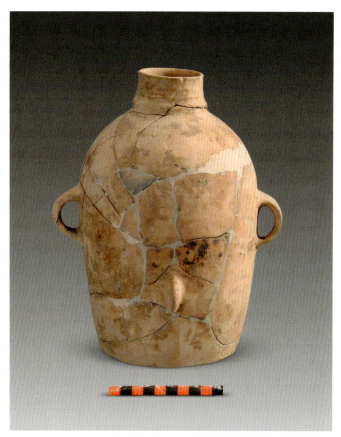

1.陶背壶（M75：6，正面）

3.无腰脊陶罐（M75：2）

4.陶纺轮（M75：3）

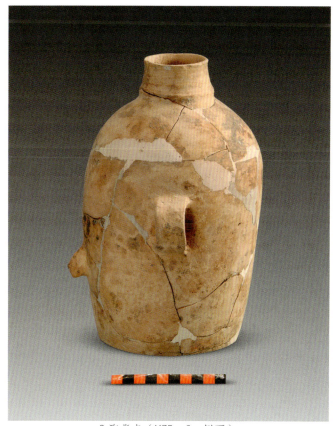

2.陶背壶（M75：6，侧面）

5.石锛（M75：4）

6.石凿（M75：5）

图版5-3-56　M75出土陶背壶、罐、纺轮及石锛、凿

1.M76清理前开口（北—南）

2.M76清理完毕（东北—西南）

3.陶器、玉器出土情形（东北—西南）

图版5-3-57　崧泽文化墓葬M76及其随葬器物出土情形

1.陶圈足盘（M76：2）

2.陶瓦足杯（M76：5）

3.玉系璧（M76：1）

图版5-3-58 M76出土陶圈足盘、杯及玉系璧

1.M83清理前开口（西—东）

2.M83清理后（西南—东北）

图版5-3-59　崧泽文化墓葬M83

1.部分陶器出土情形（东北—西南）

2.部分陶器出土情形（北—南）

3.部分陶器出土情形（西北—东南）

图版5-3-60 M83随葬陶器出土情形

1.铲形足鼎（M83：5）

2.锥形足鼎（M83：11）

3.盘形豆（M83：2）

4.盘形豆（M83：6）

5.盘形豆（M83：8）

6.盘形豆（M83：9）

图版5-3-61　M83出土陶鼎、豆

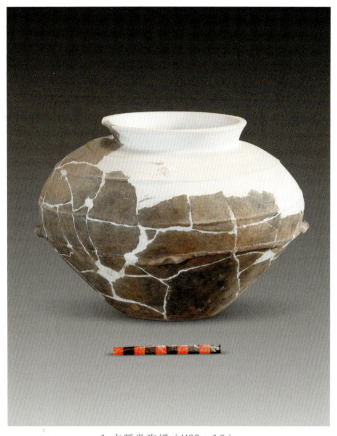

1.有腰脊陶罐（M83：13）

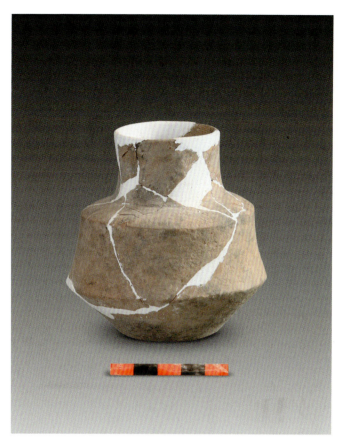

2.陶壶（M83：7）

3.陶瓦足杯（M83：3）

4.陶器盖（M83：4）

5.玉环（M83：1）

6.玉管（M83：10）

图版5-3-62　M83出土陶罐、壶、杯、器盖及玉环、管

1.M85清理前开口（东北—西南）

2.M85清理完毕（东北—西南）

图版5-3-63　崧泽文化墓葬M85清理前后

1.部分陶器出土情形（西南—东北）

2.陶觚形杯、玉环出土情形（西南—东北）

图版5-3-64　M85随葬器物出土情形

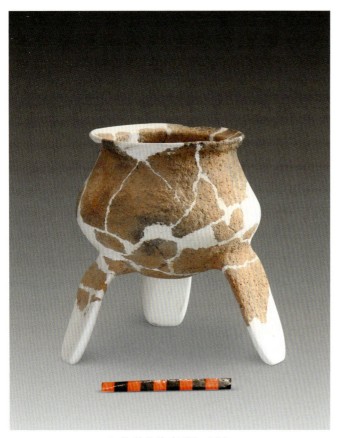

1.铲形足鼎（M85：12）

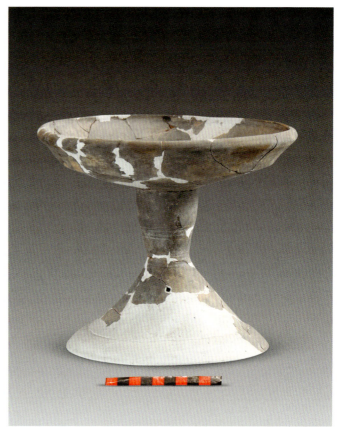

2.盘形豆（M85：10）

3.盘形豆（M85：6）

4.M85：6柄部镂孔细部

图版5-3-65　M85出土陶鼎、豆

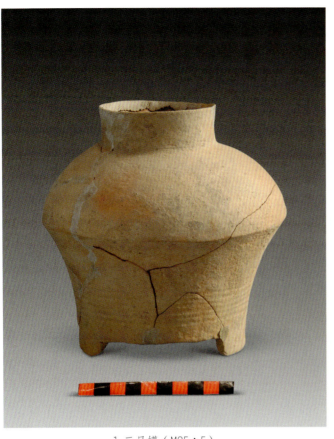

1. 三足罐（M85：5）

2. 三足罐（M85：8）

3. 无腰脊罐（M85：11）

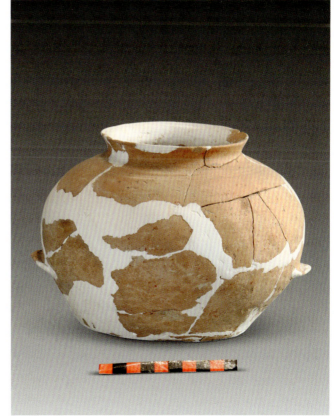

4. 无腰脊罐（M85：13）

图版5-3-66 M85出土陶罐

1.无腰脊罐（M85：9）

2.觚形杯（M85：3）

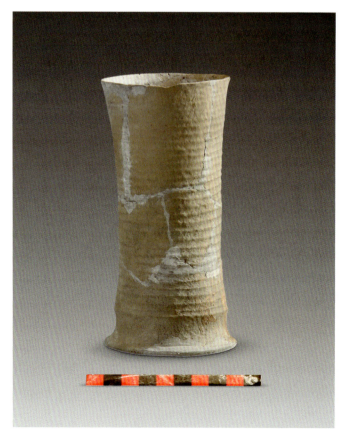

3.觚形杯（M85：4）

图版5-3-67　M85出土陶罐、杯

1.环（M85：1）

2.璜（M85：2）

3.M85：2钻孔细部

4.M85：2钻孔细部

图版5-3-68　M85出土玉环、璜

1.M87（西南—东北 ）

2.石钺、锛出土情形（东北—西南）

图版5-3-69　崧泽文化墓葬M87及其随葬石器出土情形

1.锥形足鼎（M87：1）

3.盘形豆（M87：3）

2.钵形豆（M87：2）

4.盉（M87：4）

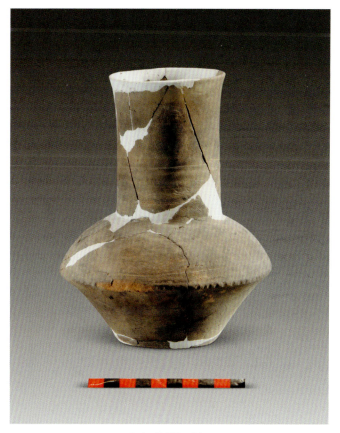

5.壶（M87：5）

图版5-3-70　M87出土陶鼎、豆、盉、壶

1.钺（M87：6）

2.锛（M87：7）

3.锛（M87：8）

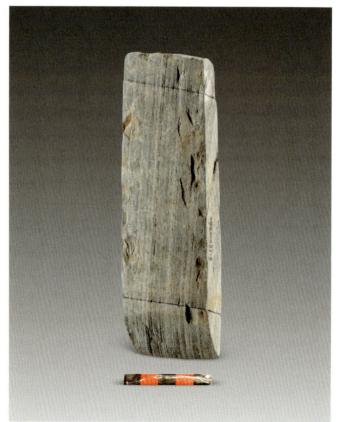

4.锛（M87：9）

图版5-3-71　M87出土石钺、锛

图版5-3-72 崧泽文化墓葬M89（东北—西南）

图版5-3-73　M89（西北—东南）

图版5-3-74 M89（东南—西北）

1.部分陶器、玉器出土情形（东北—西南）

2.部分陶器、玉器出土情形（东北—西南）

图版5-3-75　M89随葬器物出土情形

1.部分陶器、石器出土情形（东北—西南）

2.部分陶器出土情形（东北—西南）

图版5-3-76　M89随葬器物出土情形

1.铲形足鼎（M89：24）

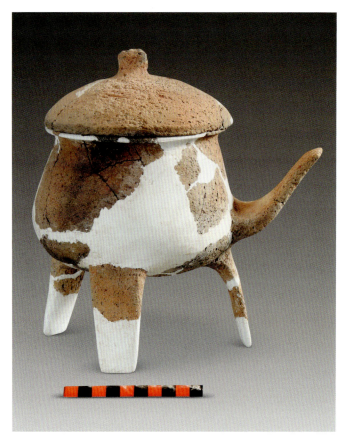

2.铲形足鼎（M89：25）

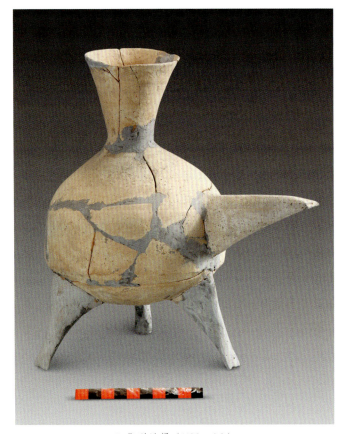

3.凿形足鬶（M89：19）

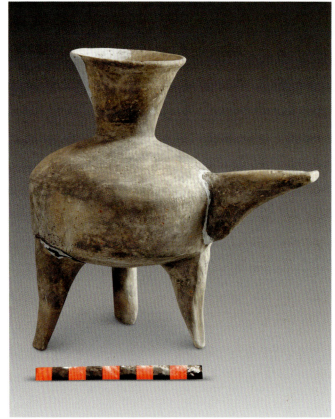

4.凿形足鬶（M89：16）

图版5-3-77　M89出土陶鼎、鬶

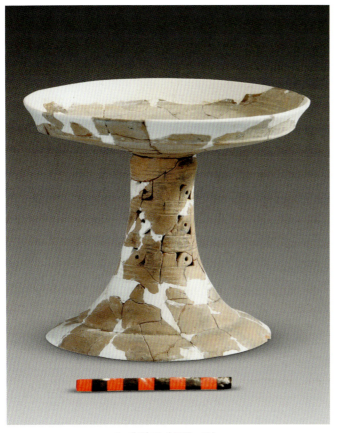

1.碟形豆（M89：3）

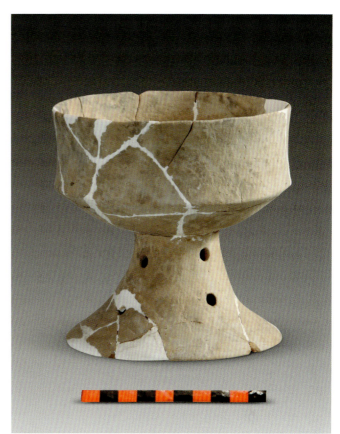

2.钵形豆（M89：5）

3.盘形豆（M89：6）

4.盘形豆（M89：20）

图版5-3-78　M89出土陶豆

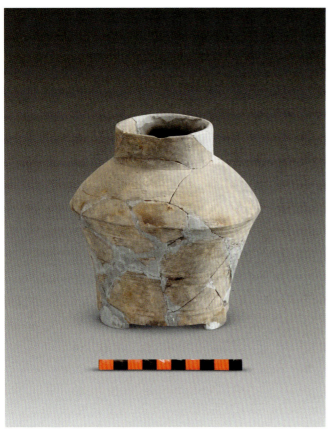

1.三足罐（M89：4）

2.三足罐（M89：12）

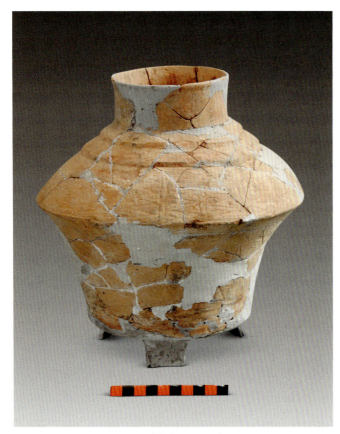

3.三足罐（M89：15）

4.三足罐（M89：27）

图版5-3-79　M89出土陶罐

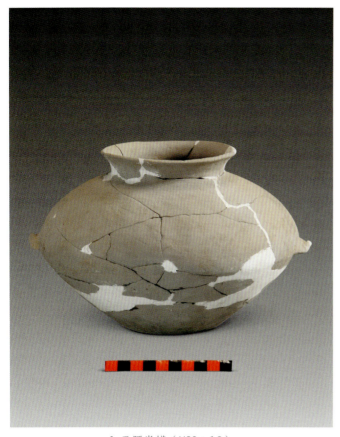

1.无腰脊罐（M89：13）

2.无腰脊罐（M89：17）

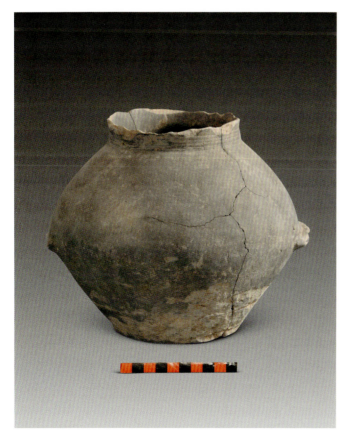

3.无腰脊罐（M89：21）

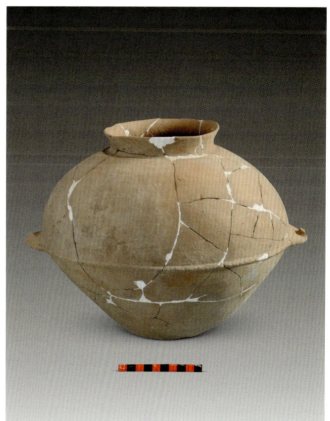

4.有腰脊罐（M89：22）

图版5-3-80　M89出土陶罐

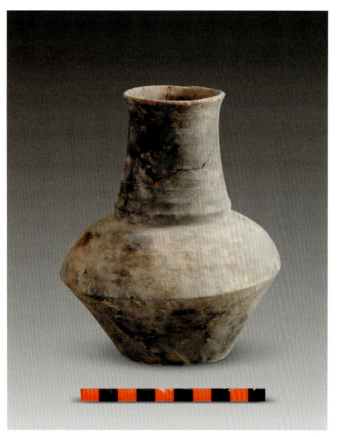

1. M89：1

2. M89：8

3. M89：23

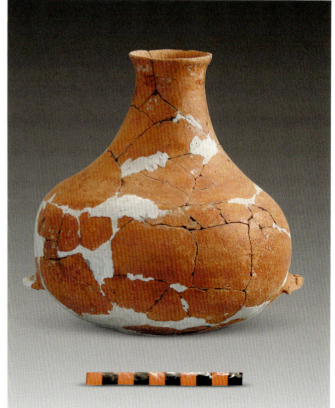

4. M89：29

图版5-3-81　M89出土陶壶

1.壶（M89：30）

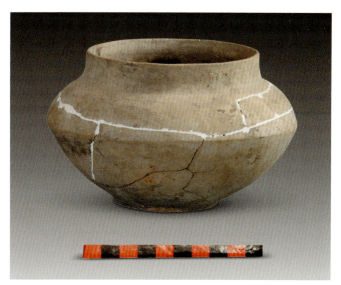

2.壶（M89：18）

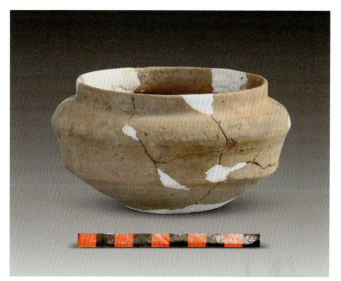

3.钵（M89：2）

4.圈足杯（M89：10）

5.匜（M89：9）

图版5-3-82　M89出土陶壶、钵、杯、匜

1.钺（M89：11，正面）

2.钺（M89：11，背面）

3.锛（M89：7）　　　　　　　　4.锛（M89：14）

图版5-3-83　M89出土石钺、锛

M89：28

图版5-3-84　M89出土石锛

1.管（M89：32）

2.管（M89：32）

3.环形饰（M89：31）

4.三角形饰（M89：33）

5.珠（M89：01）

图版5-3-85　M89出土玉管、环形饰、三角形饰及其填土内出土玉珠

图版5-3-86　崧泽文化墓葬M90清理现场（西北—东南）

图版5-3-87　M90（东北—西南）

图版5-3-89 M90（西北—东南）

图版5-3-90 M90（东南—西北）

1.墓主左侧墓坑东北角陶器出土情形（东北—西南）

2.墓主左侧墓坑中部陶豆、鼎出土情形（东北—西南）

图版5-3-91　M90随葬陶器出土情形

1.墓主左侧墓坑东南角陶器出土情形（东北—西南）

2.墓主右侧西北角陶豆出土情形（西北—东南）

图版5-3-92 M90随葬陶器出土情形

1.石钺出土情形（东北—西南）

2.土样上粘附的石钺朱彩痕迹

图版5-3-93 M90随葬石器出土情形

1.墓坑西南角陶器、石器出土情形（西南—东北）

2.墓主头部石器、玉器出土情形（东北—西南）

图版5-3-94 M90随葬器物出土情形

1.墓主手部及骨盆部位石器、玉器出土情形（东南—西北）

2.部分陶器、玉器出土情形（东北—西南）

图版5-3-95 M90随葬器物出土情形

1.石锥出土情形（西北—东南）

2.头部玉玦出土情形（北—南）

3.头部玉玦出土情形（东南—西北）

图版5-3-96　M90随葬器物出土情形

1.铲形足鼎（M90：6）

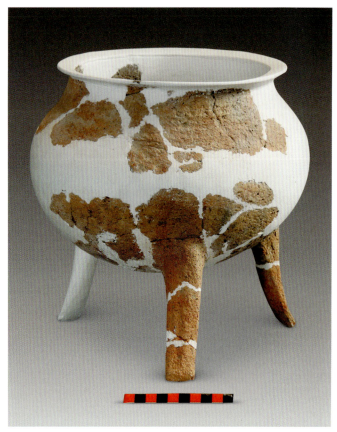

2.铲形足鼎（M90：13）

3.凿形足鼎（M90：23）

4.凿形足鼎（M90：61）

图版5-3-97　M90出土陶鼎

1.凿形足鬶（M90：9）

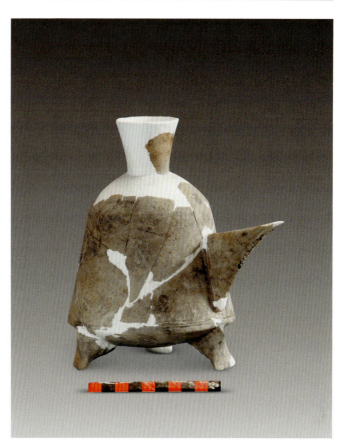

2.凿形足鬶（M90：59）

3.凿形足鬶（M90：60）

图版5-3-98　M90出土陶鬶

1.盘形豆（M90：1）

2.盘形豆（M90：2）

3.盘形豆（M90：5）

4.盘形豆（M90：11）

图版5-3-99　M90出土陶豆

1.盘形豆（M90：21）

2.豆（M90：58柄、65盘）

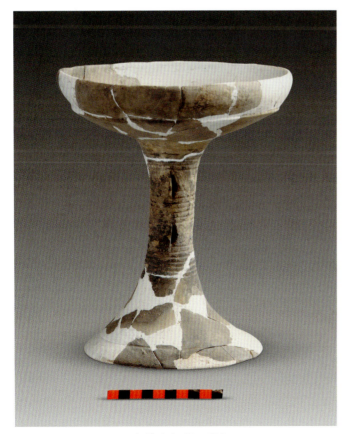

3.盘形豆（M90：63）

4.豆柄（M90：30）

图版5-3-100　M90出土陶豆

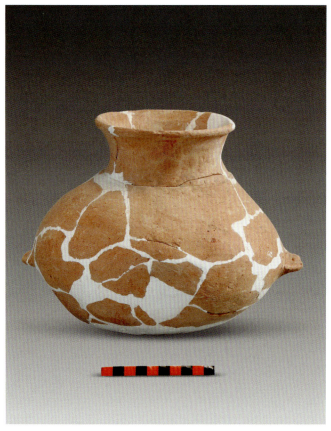

1.无腰脊罐（M90:3）

2.无腰脊罐（M90:10）

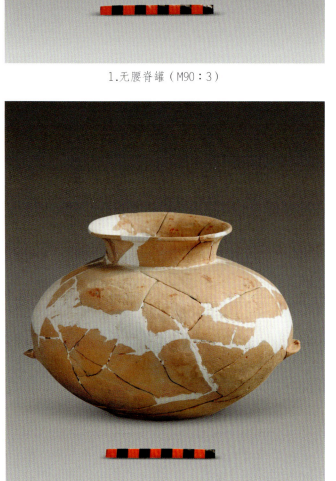

3.无腰脊罐（M90:12）

4.无腰脊罐（M90:17）

图版5-3-101　M90出土陶罐

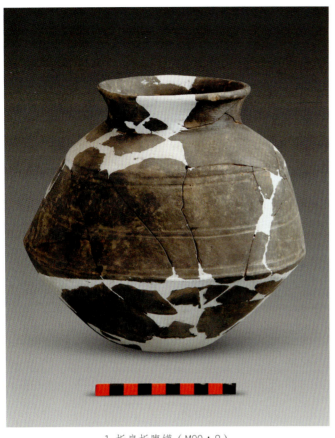

1.折肩折腹罐（M90：8）

2.折肩折腹罐（M90：64）

3.无腰脊罐（M90：19）

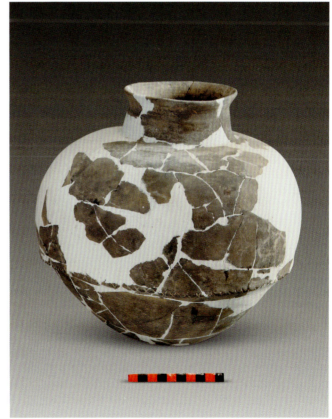

4.有腰脊罐（M90：16）

图版5-3-102　M90出土陶罐

1.壶（M90：4）

2.壶（M90：22）

3.壶（M90：28）

4.壶（M90：29）

5.盘（M90：26）

6.盆（M90：24）

图版5-3-103　M90出土陶壶、盘、盆

M90：7

图版5-3-104 M90出土陶大口缸

M90：18

图版5-3-105　M90出土陶大口缸

1.M90：31（正面）

2.M90：31（背面）

图版5-3-106　M90出土石钺

1.M90：32（正面）

3.M90：32钻孔细部

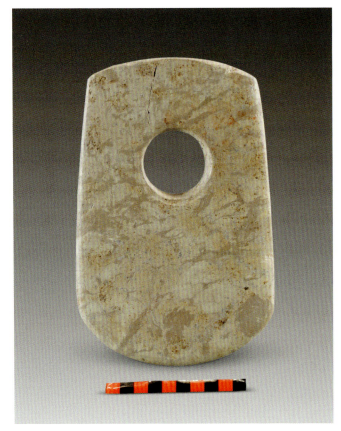

2.M90：32（背面）

4.M90：32钻孔细部

图版5-3-107　M90出土石钺

1.M90：33（正面）

2.M90：33（背面）

3.M90：34（正面）

4.M90：34（背面）

图版5-3-108　M90出土石钺

1.M90：35（正面）

3.M90：35钻孔细部

2.M90：35（背面）

4.M90：35钻孔细部

图版5-3-109　M90出土石钺

2.锛（M90：57）

1.锛（M90：15）

3.凿（M90：14）

图版5-3-110　M90出土石锛、凿

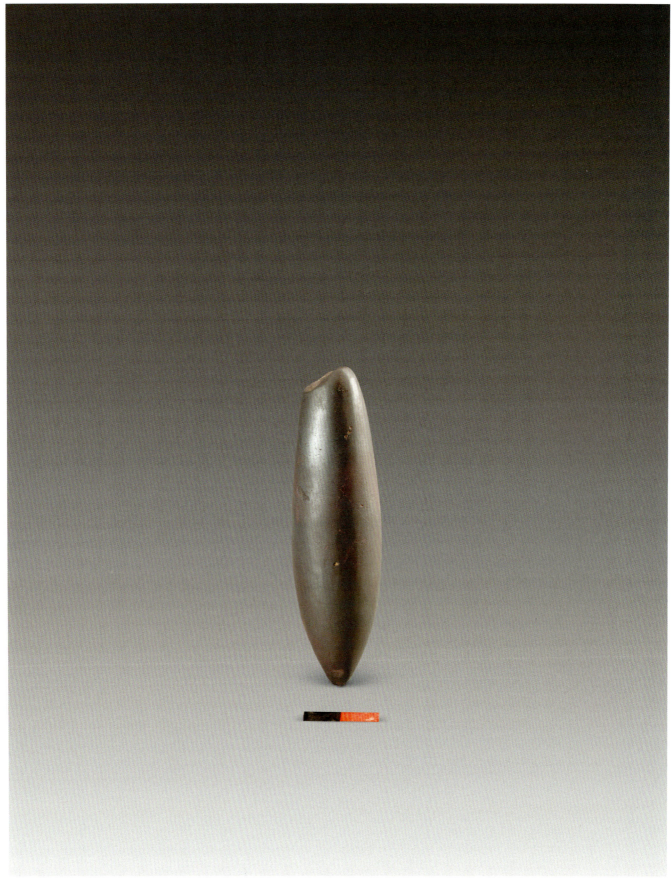

M90：41

图版5-3-111　M90出土石锥

1.M90：27

2.M90：20

3.M90：43

4.M90：25

图版5-3-112　M90出土砺石

1.M90：42

2.M90：42端部钻孔

3.M90：42端部钻孔

4.M90：42中部系孔

5.M90：42中部系孔

图版5-3-113　M90出土玉璜

1.M90：55

2.M90：55系孔

3.M90：55系孔

图版5-3-114 M90出土玉镯

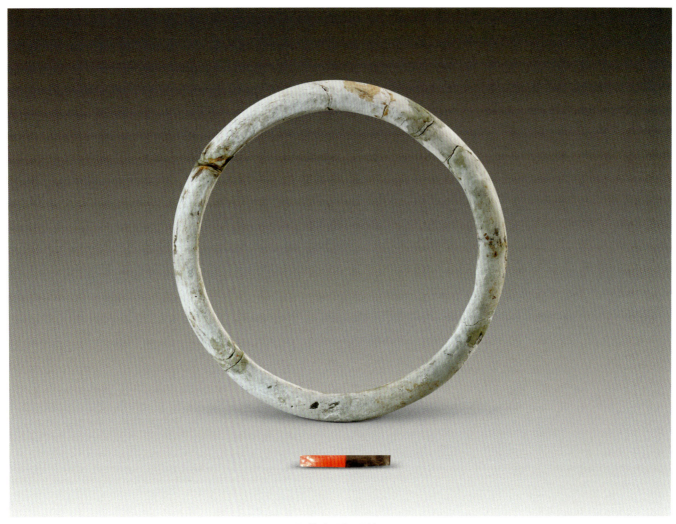

1.镯（M90：56）

2.三角形饰（M90：45）

3.三角形饰（M90：46）

图版5-3-115　M90出土玉镯、三角形饰

1.M90：36

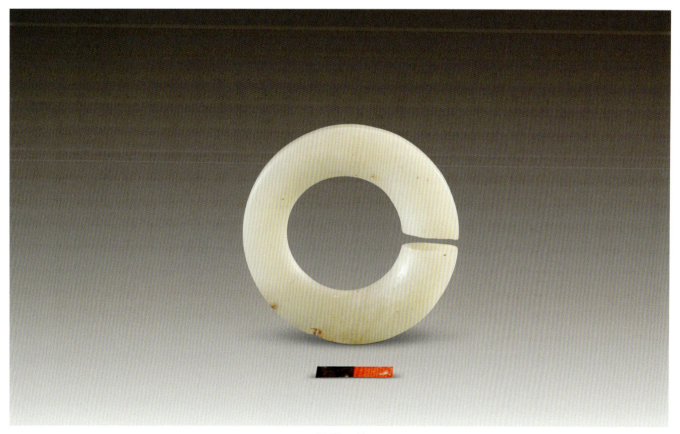

2.M90：44

图版5-3-116 M90出土玉玦

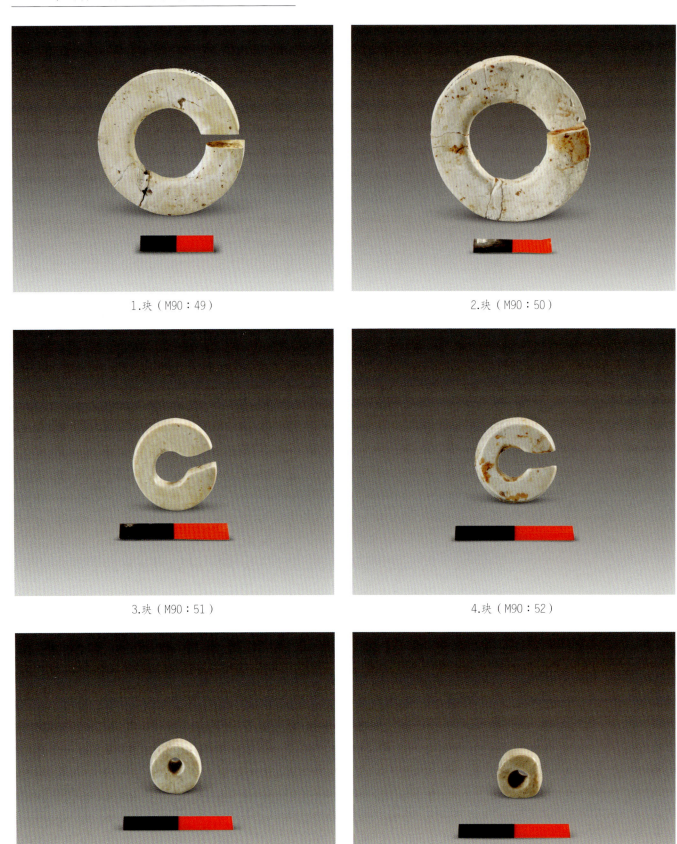

1.玦（M90：49）

2.玦（M90：50）

3.玦（M90：51）

4.玦（M90：52）

5.管（M90：38）

6.管（M90：39）

图版5-3-117　M90出土玉玦、管

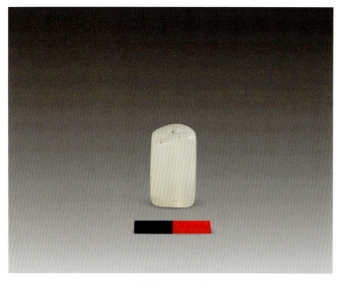

1.管（M90：40）

2.管（M90：47）

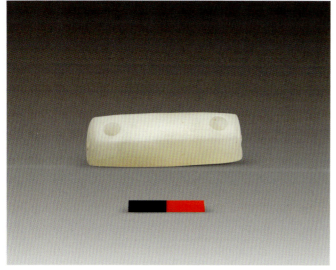

3.管形饰（M90：48，正面）

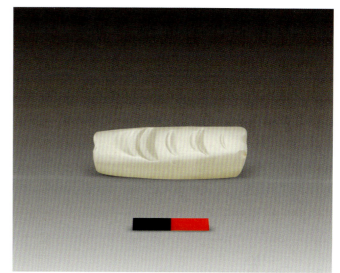

4.管形饰（M90：48，背面）

图版5-3-118　M90出土玉管、管形饰

1.M90：37

2.M90：53

3.M90：54

图版5-3-119 M90出土纽形玉饰

图版5-3-120 崧泽文化墓葬M91（东北—西南）

图版5-3-121 M91（西南—东北）

图版5-3-122 M91（西北—东南）

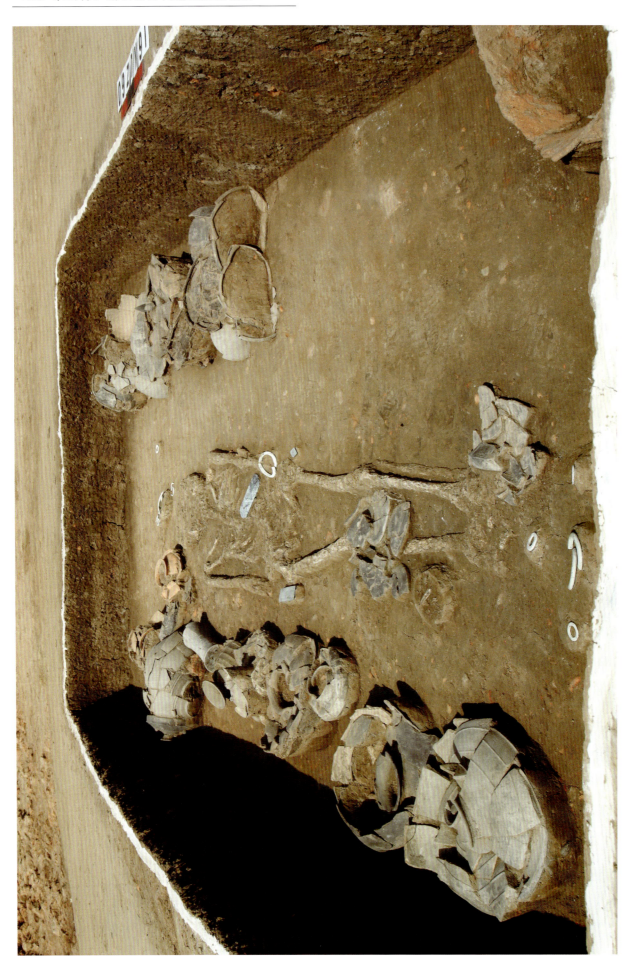

图版5-3-123 M91（东南—西北）

1.M91墓主上身清理情况（东北—西南）

2.玉钺出土情形（东南—西北）

图版5-3-124 M91墓主及随葬器物出土情形

1.墓主左侧墓坑东南角陶器出土情形（西北—东南）

2.墓主左侧墓坑东北部陶器出土情形（西南—东北）

图版5-3-125　M91随葬陶器出土情形

1.墓主右侧陶器出土情形（东北—西南）

2.墓主右侧陶器出土情形（东北—西南）

图版5-3-126　M91随葬陶器出土情形

1.墓主头部玉器出土情形（西北—东南）

2.墓主脚部玉器出土情形（西北—东南）

图版5-3-127 M91随葬玉器出土情形

M91:3（甑）、17（铲形足鼎）

图版5-3-128 M91出土陶甑、鼎组合

1.铲形足鼎（M91：20）

2.鼎盖（M91：8-2）

3.凿形足鬶（M91：13）

4.凿形足鬶（M91：14）

图版5-3-129　M91出土陶鼎、鬶

1.盘形豆（M91：4）

2.盘形豆（M91：5）

3.盘形豆（M91：6）

4.碟形豆（M91：37）

5.三足罐（M91：11）

6.无腰脊罐（M91：19）

图版5-3-130　M91出土陶豆、罐

1.无腰脊罐（M91：1）

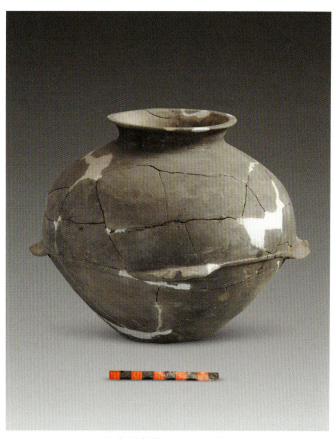

2.有腰脊罐（M91：10）

3.有腰脊罐（M91：12）

图版5-3-131　M91出土陶罐

1.有腰脊罐（M91：2）

2.有腰脊罐（M91：9）

图版5-3-132　M91出土陶罐

1.有腰脊罐（M91：16）

2.有腰脊罐（M91：16）

图版5-3-133 M91出土陶罐

1.觚形杯（M91：15）

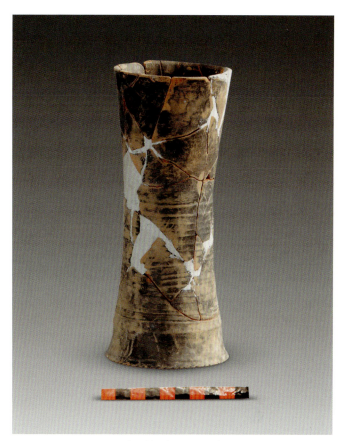

2.觚形杯（M91：18）

3.匜（M91：38）

图版5-3-134　M91出土陶杯、匜

1.石锛（M91：30）

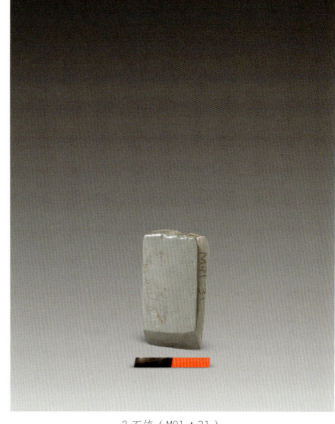

2.石锛（M91：31）

3.玉镯（M91：36）

图版5-3-135 M91出土石锛、玉镯

1.M91∶29（正面）　　　　　　　　2.M91∶29（背面）

图版5-3-136　M91出土玉钺

1.M91：23

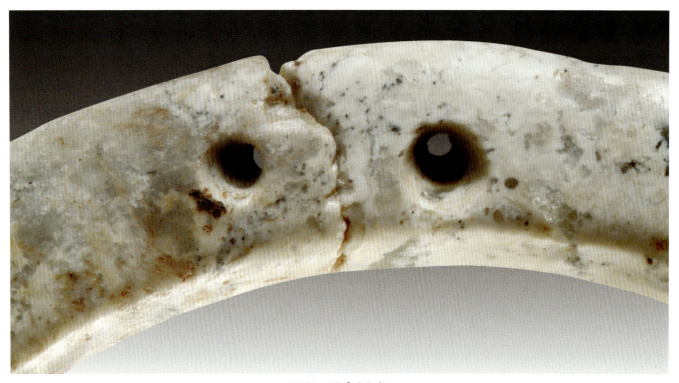

2.M91：23系孔细部

图版5-3-137　M91出土玉镯

1.M91：34

2.M91：34系孔细部

图版5-3-138　M91出土玉镯

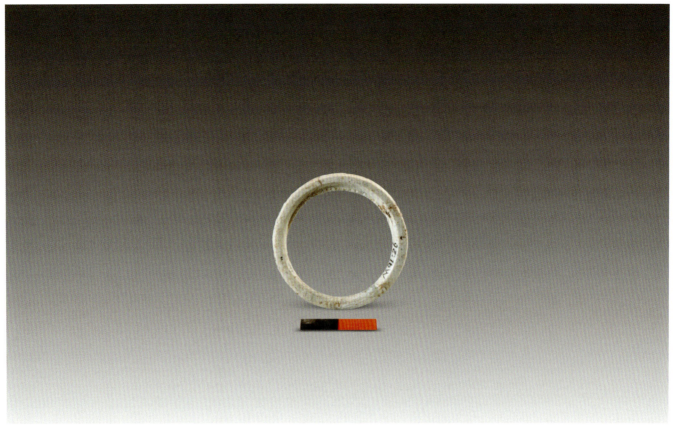

1.M91：26

2.M91：26环内侧切割痕迹

图版5-3-139　M91出土玉环

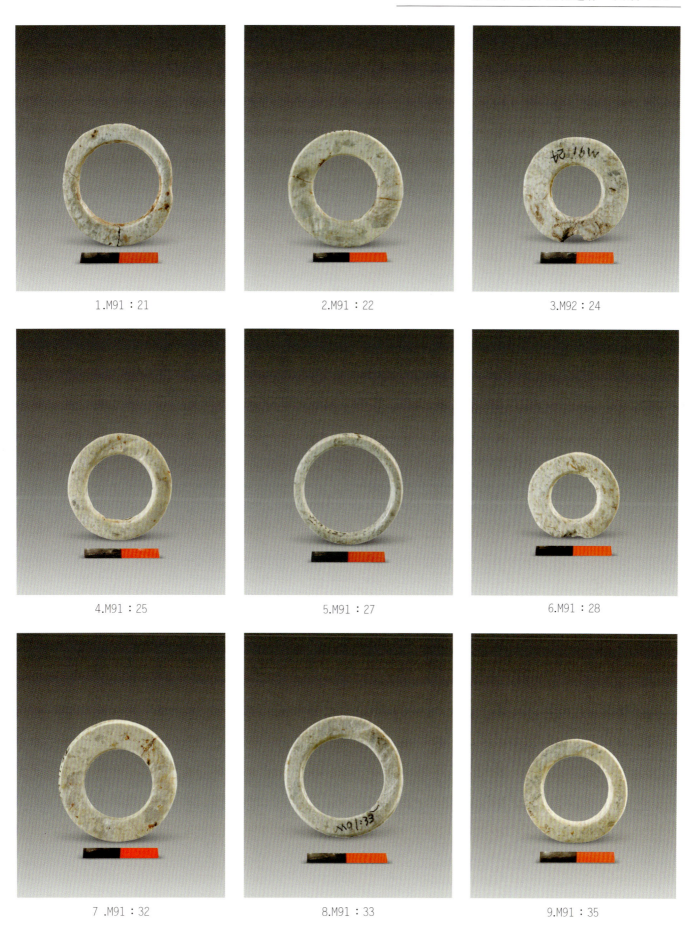

1.M91：21

2.M91：22

3.M92：24

4.M91：25

5.M91：27

6.M91：28

7 .M91：32

8.M91：33

9.M91：35

图版5-3-140　M91出土玉环

图版5-3-141　崧泽文化墓葬M92（东北—西南）

图版5-3-142 M92（西南—东北）

图版5-3-143 M92（西北—东南）

1.墓主身体周围器物出土情形（东北—西南）

2.墓主右侧陶器出土情形（西南—东北）

图版5-3-144 M92随葬器物出土情形

1.墓主左侧陶器出土情形（东北—西南）

2.墓主左侧陶器出土情形（西南—东北）

图版5-3-145　M92随葬陶器出土情形

图版5-3-146 M92随葬器物出土情形

1.陶簋、大口缸出土情形（东北—西南）

2.玉璜出土情形（东南—西北）

1.玉管出土情形（东北—西南）

2.压在陶簋下的玉璜出土情形（东南—西北）

3.玉镯出土情形（西南—东北）

图版5-3-147   M92随葬玉器出土情形

1.曲形足鼎（M92：4）

2.锥形足鼎（M92：6）

3.铲形足鼎（M92：8）

图版5-3-148　M92出土陶鼎

1.凿形足鬶（M92：3）

2.凿形足鬶（M92：5）

图版5-3-149　M92出土陶鬶

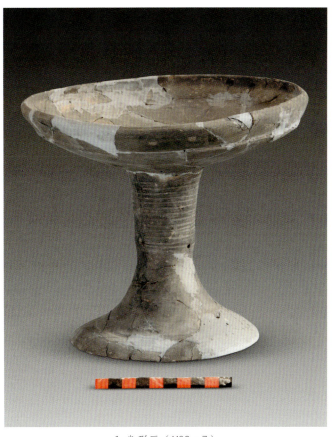

1.盘形豆（M92：7）

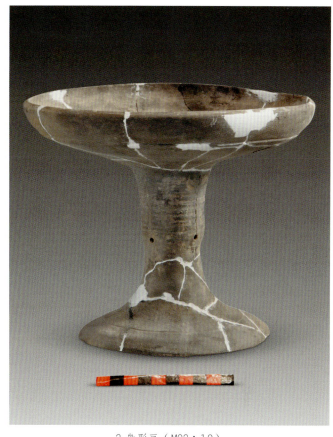

2.盘形豆（M92：10）

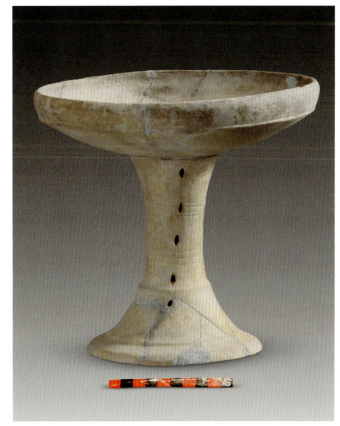

3.盘形豆（M92：24）

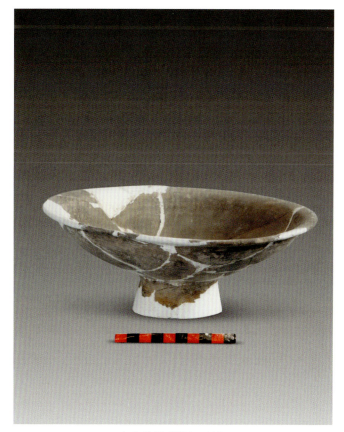

4.盘形豆（M92：49）

图版5-3-150　M92出土陶豆

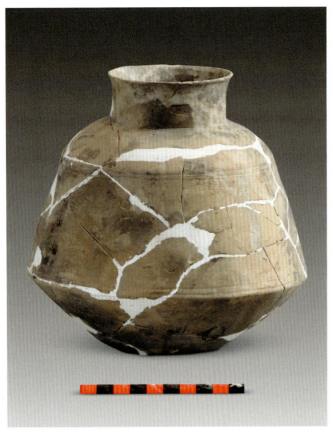

1.折肩折腹罐（M92：9）

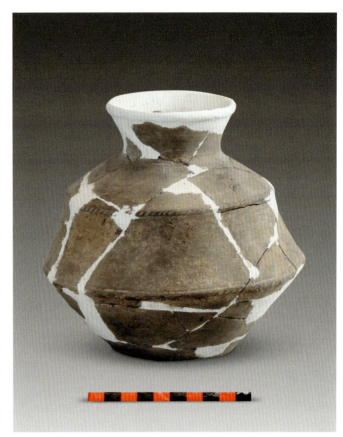

2.折肩折腹罐（M92：17）

3.折肩折腹罐（M92：19）

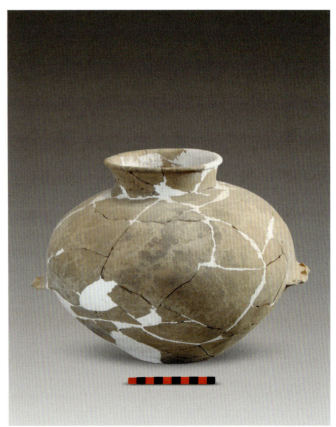

4.无腰脊罐（M92：14）

图版5-3-151　M92出土陶罐

1.无腰脊罐（M92∶11）

2.无腰脊罐（M92∶12）

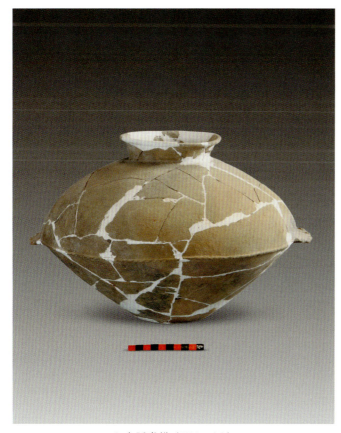

3.有腰脊罐（M92∶16）

4.有腰脊罐（M92∶48）

图版5-3-152　M92出土陶罐

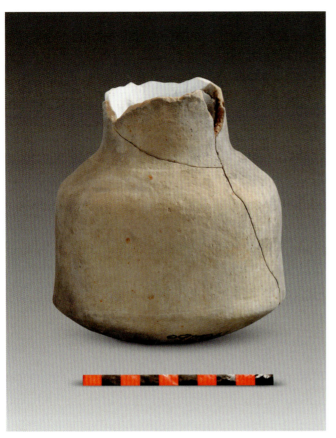

1.M92：2

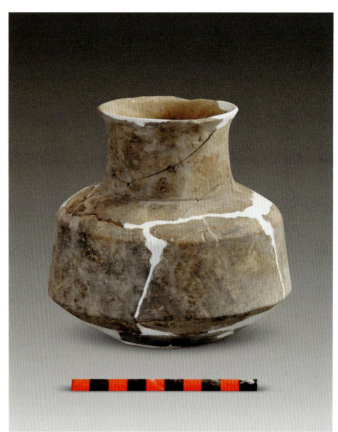

2.M92：20

3.M92：21

4.M92：25

图版5-3-153　M92出土陶壶

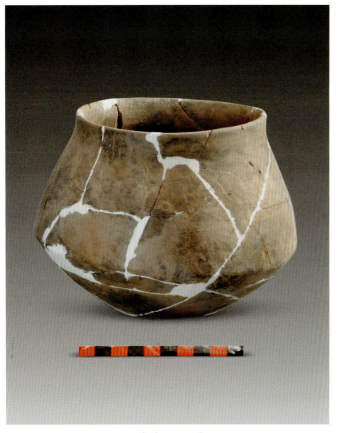

1.钵（M92：1）

2.钵（M92：23）

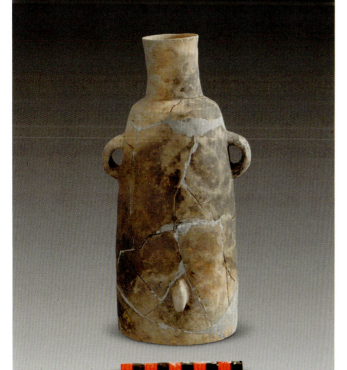

3.背壶（M92：22，正面）

4.背壶（M92：22，侧面）

图版5-3-154 M92出土陶钵、背壶

M92：13

图版5-3-155　M92出土陶簋

图版5-3-156 M92出土陶大口缸

M92：15

图版5-3-156 M92出土陶大口缸

1.M92：31（正面）

2.M92：31（背面）

3.M92：32

4.M92：33

图版5-3-157　M92出土石钺

1.M92：34（正面）

2.M92：34（背面）

3.M92：44（正面）

4.M92：44（背面）

图版5-3-158　M92出土石钺

1.石锛（M92∶29）

2.石锛（M92∶30）

3.石凿（M92∶27）

4.砺石（M92∶47）

图版5-3-159　M92出土石锛、凿、砺石

M92：26

图版5-3-160　M92出土石凿

1.M92：36

2.M92：36钻孔细部

图版5-3-161　M92出土玉璜

1.M92：45（正面）

2.M92：45（背面）

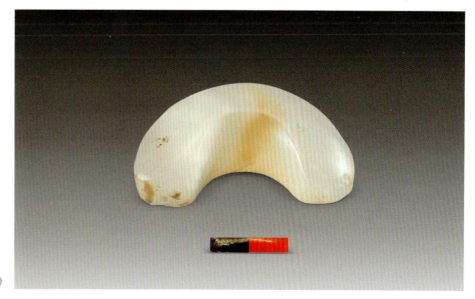

3.M92：45（俯）

图版5-3-162　M92出土玉璜

1.镯（M92：35）

2.钥匙形饰（M92：43）

3.管（M92：46）

4.凿（M92：28）

图版5-3-163　M92出土玉镯、钥匙形饰、管、凿

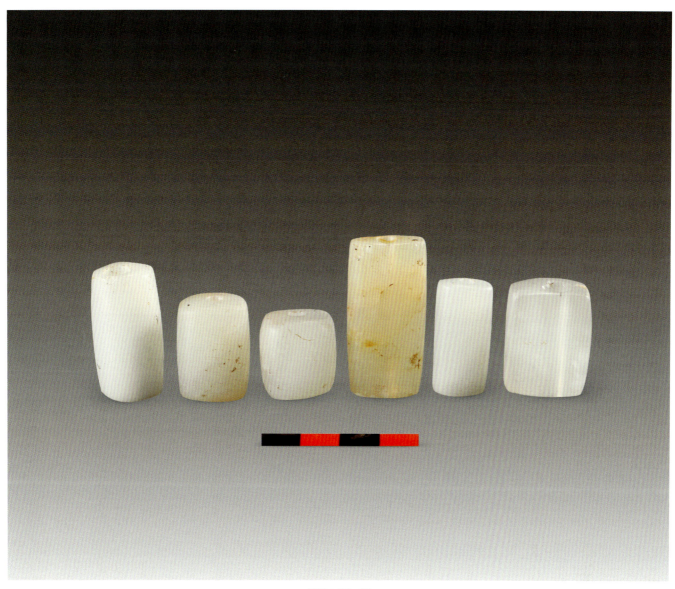

M92：37~42

图版5-3-164 M92出土玉管合照

1. M92：37

2. M92：38

3. M92：39

4. M92：40

5. M92：41

6. M92：42

图版5-3-165　M92出土玉管

图版5-3-166 崧泽文化墓葬M93（东北—西南）

图版5-3-167　M93（西北—东南）

图版5-3-168 M93（东南—西北）

1.墓主左侧墓坑东南角陶器出土情形（东北—西南）

2.墓主左侧墓坑东北部陶器出土情形（东北—西南）

图版5-3-169　M93随葬陶器出土情形

1.墓主左侧墓坑中部陶器出土情形（西南—东北）

2.墓主头部玉器出土情形（东北—西南）

图版5-3-170　M93随葬器物出土情形

1.墓主右侧陶器出土情形（西南—东北）

2.墓主右侧陶器、玉器出土情形（西南—东北）

图版5-3-171　M93随葬器物出土情形

M93：12（甑）、10（铲形足鼎）

图版5-3-172 M93出土陶甑、鼎组合

1.铲形足鼎（M93：13）

2.钵（M93：5）

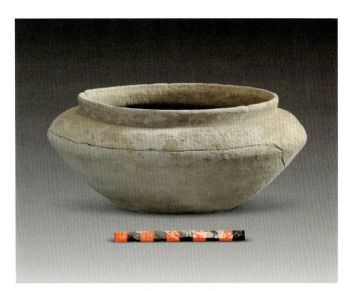

3.钵（M93：23）

图版5-3-173　M93出土陶鼎、钵

1.铲形足鼎（M93：17）

2.铲形足鬶（M93：6）

图版5-3-174　M93出土陶鼎、鬶

1.凿形足鬶（M93：18）

2.M93：18肩部刻划纹

图版5-3-175　M93出土陶鬶

1.盘形豆（M93：1）

2.盘形豆（M93：2）

3.盘形豆（M93：3）

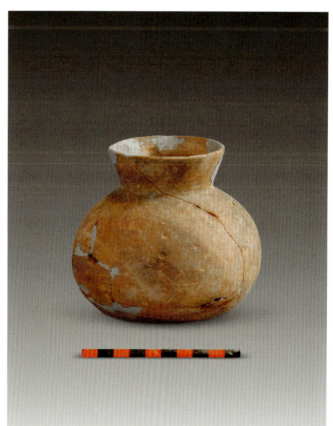

4.无腰脊罐（M93：4）

图版5-3-176　M93出土陶豆、罐

1.有腰脊罐（M93：8）

2.有腰脊罐（M93：15）

图版5-3-177　M93出土陶罐

1.有腰脊罐（M93：9）

2.M93：9腹部纹饰

图版5-3-178　M93出土陶罐

1.圈足盘（M93:7）

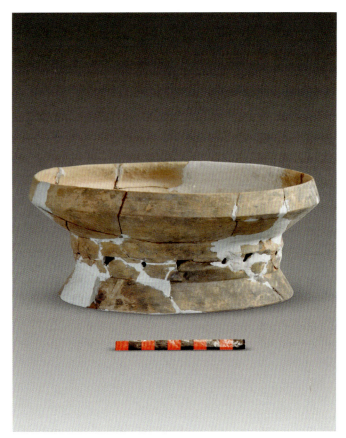

2.圈足盘（M93:20）

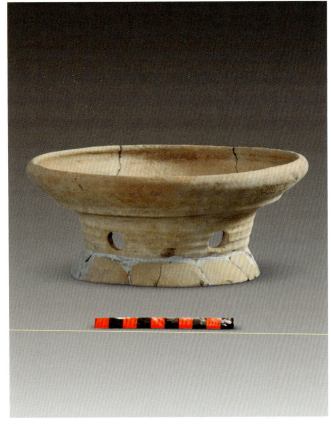

3.圈足盘（M93:21）

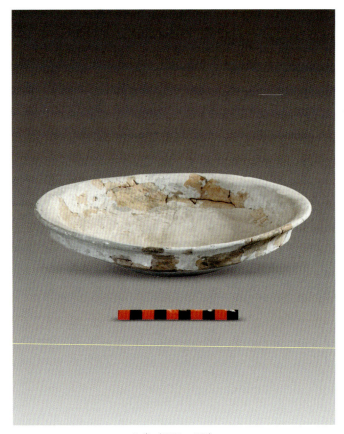

4.盘（M93:22）

图版5-3-179　M93出土陶圈足盘、盘

M93：16

图版5-3-180　M93出土陶大口缸

1.M93∶24（正面）

2.M93∶24（背面）

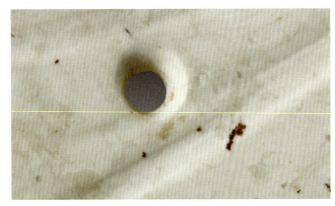

3.M93∶24钻孔细部

4.M93∶24钻孔细部

图版5-3-181　M93出土玉璜

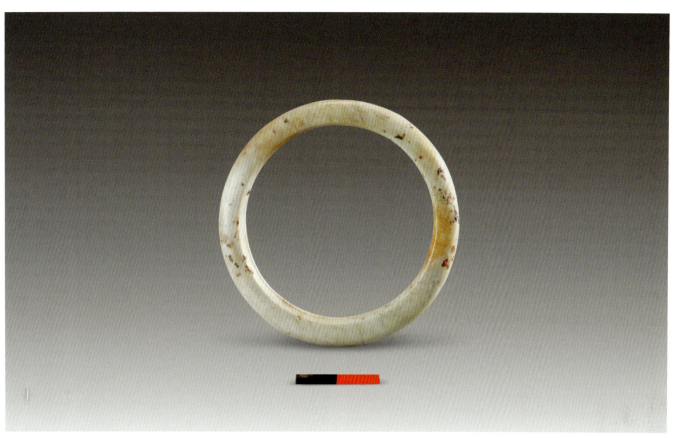

1.镯（M93：27）

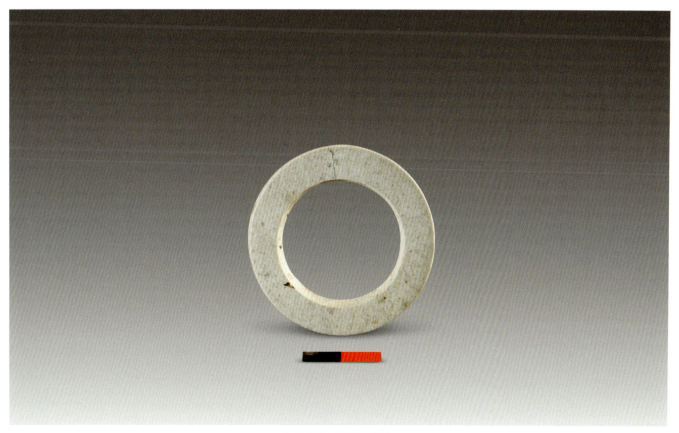

2.镯形饰（M93：19）

图版5-3-182 M93出土玉镯、镯形饰

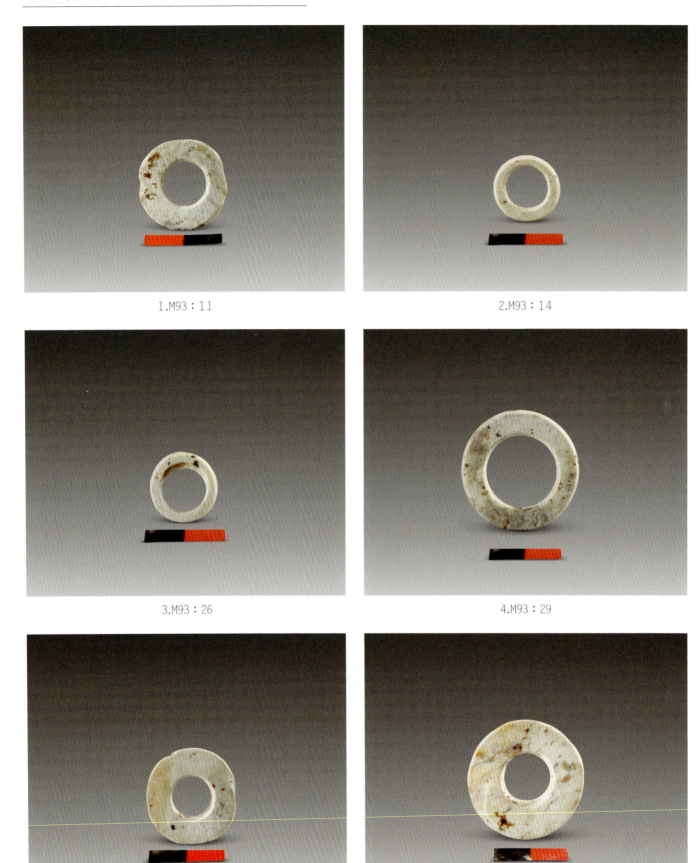

1.M93：11

2.M93：14

3.M93：26

4.M93：29

5.M93：30

6.M93：31

图版5-3-183　M93出土玉环

1.环（M93：33）

2.半圆形饰（M93：28）

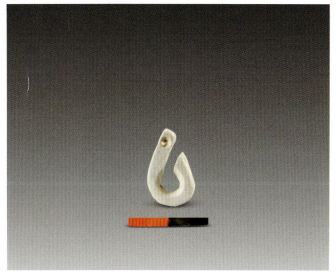

3.钩形饰（M93：25，正面）

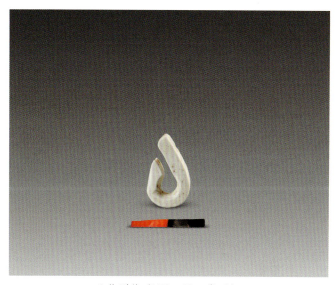

4.钩形饰（M93：25，背面）

5.钥匙形饰（M93：32，正面）

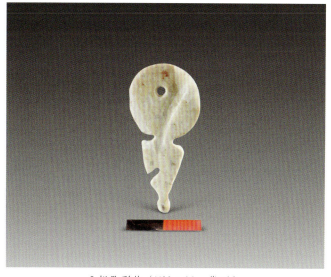

6.钥匙形饰（M93：32，背面）

图版5-3-184　M93出土玉环、半圆形饰、钩形饰、钥匙形饰

1.M94清理前开口（东—西）

2.采用"T"字隔梁法对M94墓坑进行解剖（东南—西北）

图版5-3-185　崧泽文化墓葬M94

图版5-3-186 M94解剖完毕情形（西南—东北）

图版5-3-187 M94（东北—西南）

图版5-3-188 M94（西南—东北）

图版5-3-189　M94（东南—西北）

图版5-3-190 M94（西北—东南）

1.墓坑中部略偏西北处陶器出土情形（西南—东北）

2.墓坑略偏西南处陶器出土情形（北—南）

图版5-3-191　M94随葬陶器出土情形

1.墓坑东南处陶器出土情形（东—西）

2.动物骨骼痕迹（北—南）

图版5-3-192　M94随葬陶器及动物骨骼出土情形

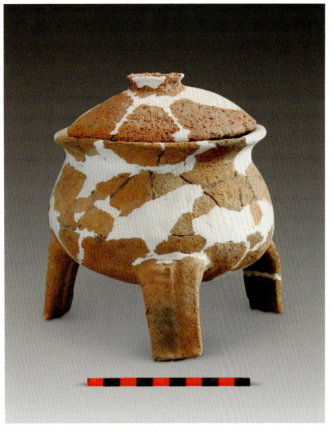

1.铲形足鼎（M94：15）

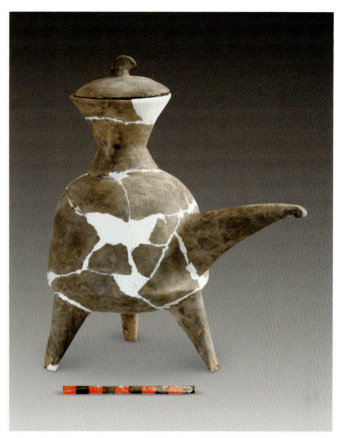

2.凿形足鬶（M94：2）

3.凿形足鬶（M94：7）

图版5-3-193　M94出土陶鼎、鬶

1.盘形豆（M94：5）

2.盘形豆（M94：6）

图版5-3-194 M94出土陶豆

1.盘形豆（M94：8）

2.碟形豆（M94：14）

图版5-3-195　M94出土陶豆

图版5-3-196 M94出土陶豆

1.碟形豆（M94：10）

2.M94：10细部

3.M94：10细部

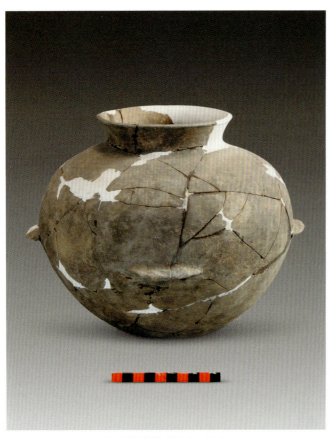

1.无腰脊罐（M94：11）

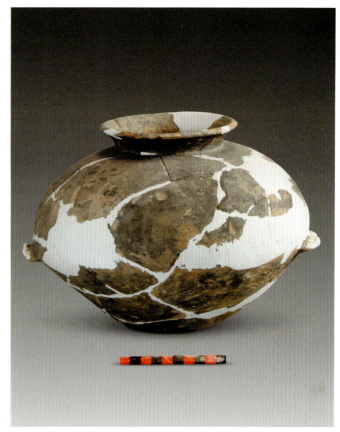

2.无腰脊罐（M94：12）

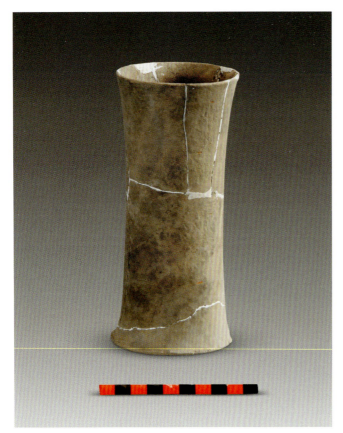

3.觚形杯（M94：3）

4.带把杯（M94：9）

图版5-3-197　M94出土陶罐、杯

1.陶壶（M94：1）

2.陶钵（M93：13）

3.陶纺轮（M94：4）

4.石锛（M94：18）

5.砺石（M94：17）

6.玉珠（M94：22）

图版5-3-198　M94出土陶壶、钵、纺轮及石锛、砺石与玉珠

1.M94：16（正面）

3.M94：16正面系孔

2.M94：16（背面）

4.M94：16背面系孔

图版5-3-199　M94出土玉镯

1.镯（M94：19）

2.系璧（M94：21）

3.钥匙形饰（M94：20）

4.M94：20钻孔切割痕

图版5-3-200　M94出土玉镯、系璧、钥匙形饰

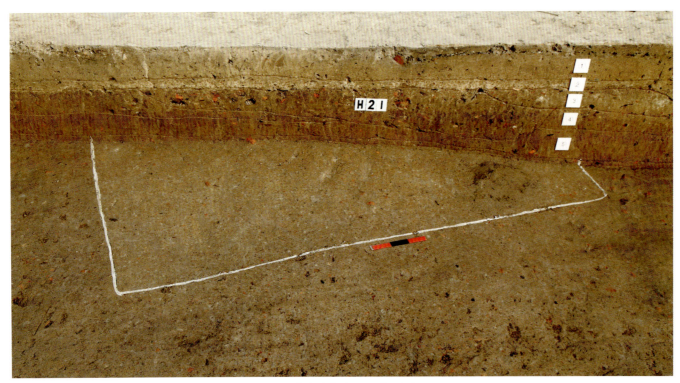

1.M95（清理前开口，西—东）

2.M95（东南—西北）

图版5-3-201　崧泽文化墓葬M95

1.M95采用二分之一法解剖（东北—西南）

2.M95墓坑内有两种不同颜色和质地的填土（西南—东北）

图版5-3-202　M95清理情况

图版5-3-203　M95清理情况

1.M95清理掉外围的黄土后（西南—东北）

2.M95清理掉中间的黄褐土后（西南—东北）

图版5-3-204　M95（东北—西南）

图版5-3-205 M95（东南—西北）

1.墓主身体上部随葬器物出土情形（东北—西南）

2.墓主脚部下方陶大口缸等陶器出土情形（北—南）

图版5-3-206 M95随葬器物出土情形

1.墓主头部上方器物出土情形（西北—东南）

2.墓主身体右侧器物出土情形（东北—西南）

图版5-3-207　M95随葬器物出土情形

1.墓主颈部玉璜出土情形（出土时有一半压在颈骨下，东南—西北）

2.墓主颈部玉璜出土情形（东南—西北）

图版5-3-208 M95随葬玉璜出土情形

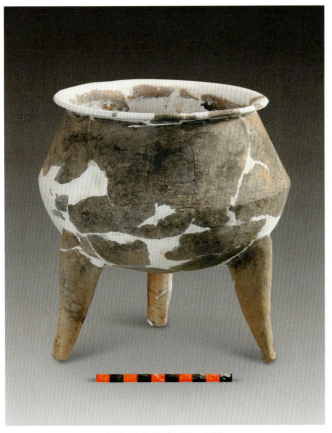

1.凿形足鼎（M95:12）

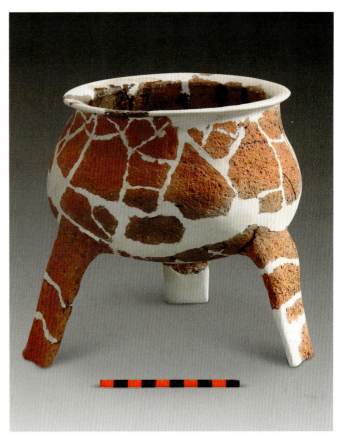

2.铲形足鼎（M95:13）

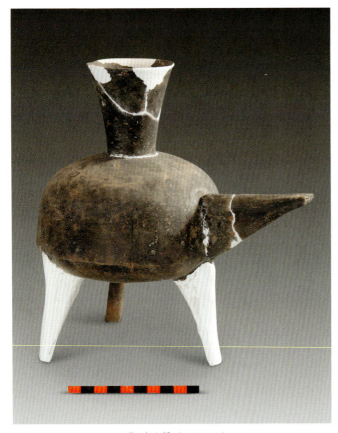

3.凿形足鬶（M95:5）

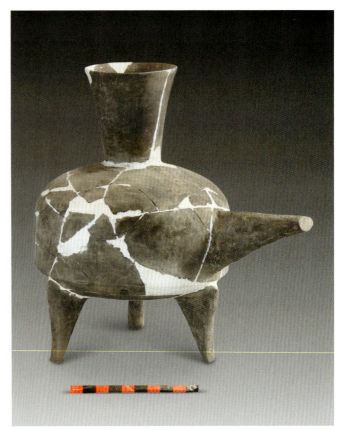

4.凿形足鬶（M95:9）

图版5-3-209　M95出土陶鼎、鬶

1.盘形豆（M95：1）

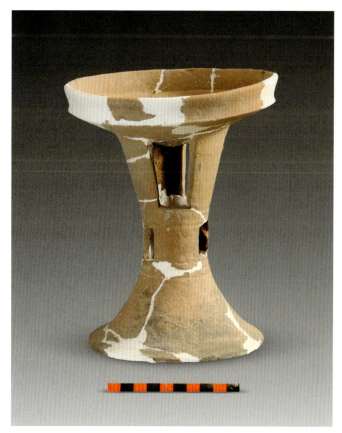

3.碟形豆（M95：16）

2.盘形豆（M95：23）

4.盘形豆（M95：25）

5.盘形豆（M95：26）

图版5-3-210 M95出土陶豆

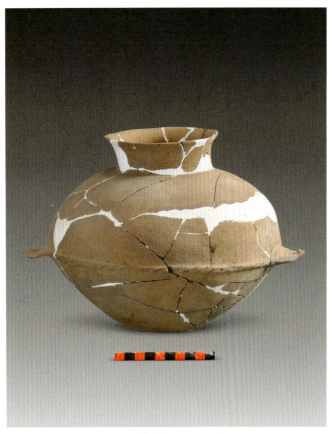

1.有腰脊罐（M95：10）

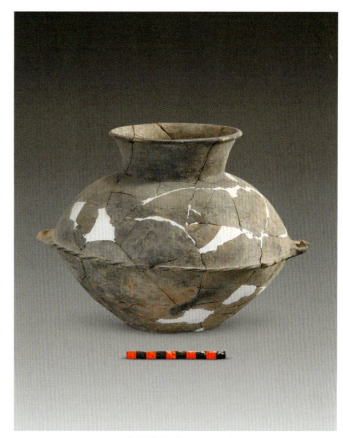

2.有腰脊罐（M95：14）

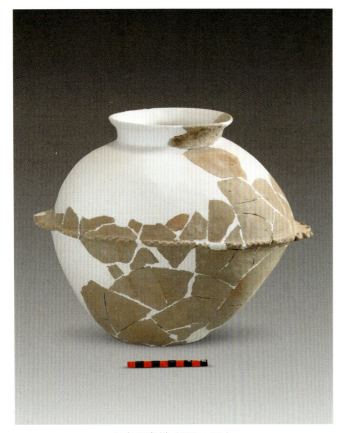

3.有腰脊罐（M95：21）

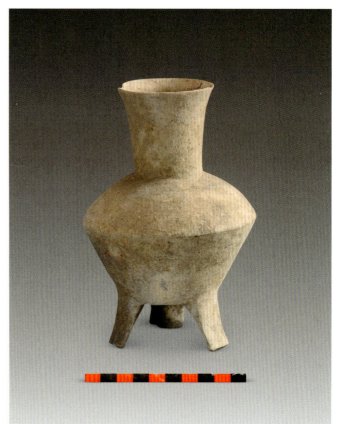

4.壶（M95：3）

图版5-3-211　M95出土陶罐、壶

1.三足罐（M95：15）

2.折肩折腹罐（M95：22）

图版5-3-212 M95出土陶罐

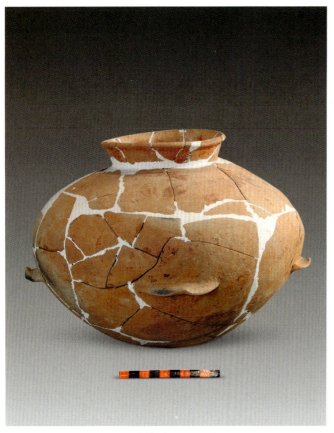

1.圜底罐（M95：17）

2.圜底罐（M95：20）

3.圜底罐（M95：53）

4.折肩折腹罐（M95：18）

图版5-3-213　M95出土陶罐

1.有腰脊罐（M95：24）

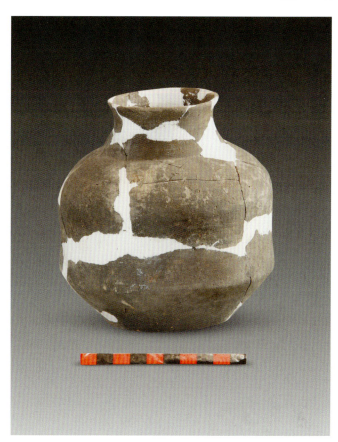

2.折肩折腹罐（M95：27）

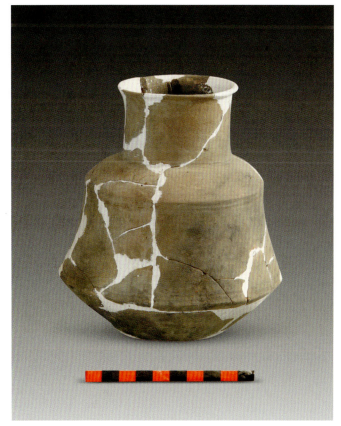

3.壶（M95：2）

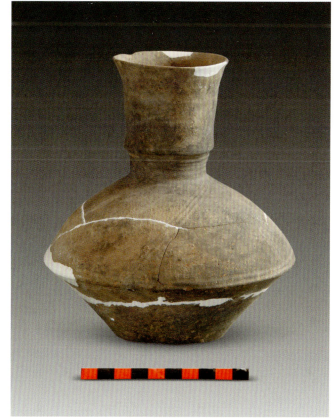

4.壶（M95：4）

图版5-3-214　M95出土陶罐、壶

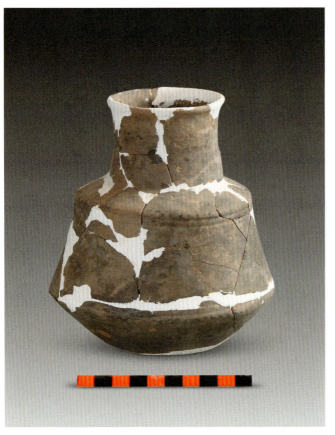

1.M95：6

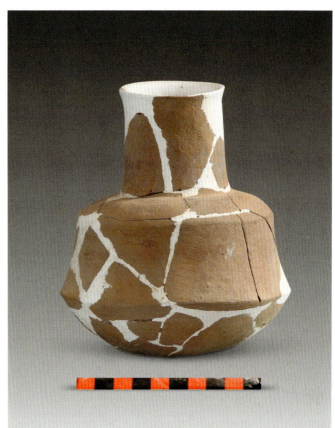

2.M95：11

3.M95：8

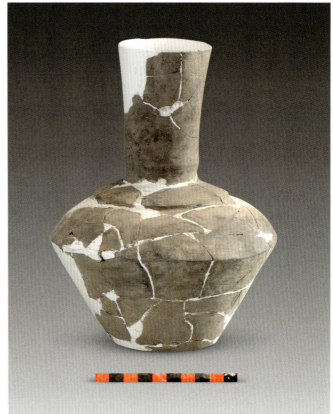

4.M95：54

图版5-3-215　M95出土陶壶

1.钵（M95：29）

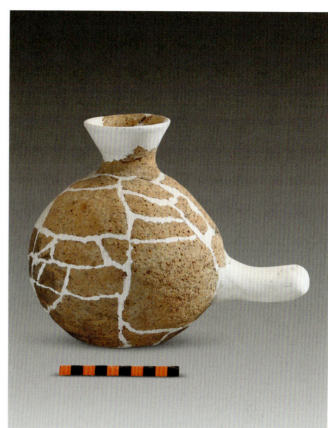

2.盉（M95：7）

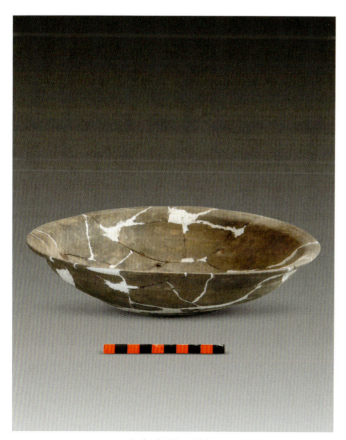

3.盘（M95：28）

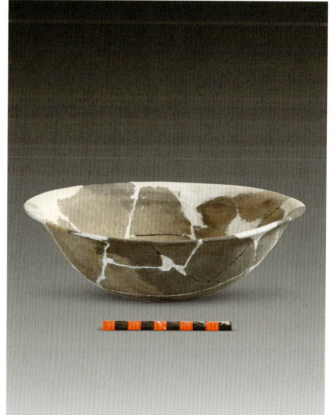

4.盘（M95：55）

图版5-3-216　M95出土陶钵、盉、盘

M95：19

图版5-3-217　M95出土陶大口缸

1.石钺（M95：44）

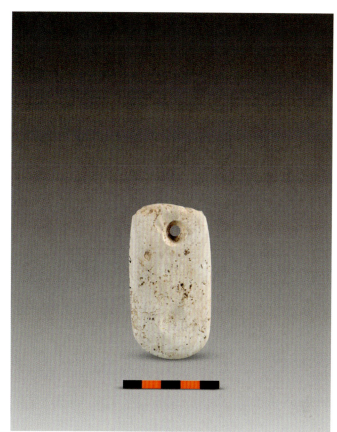

2.石斧（M95：52）

3.石钺（M95：48，正面）

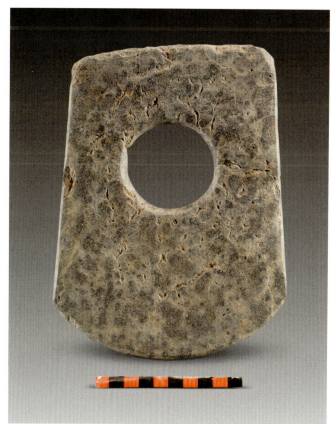

4.石钺（M95：48，背面）

图版5-3-218　M95出土石钺、斧

1.M95：45

3.M95：50

2.M95：49

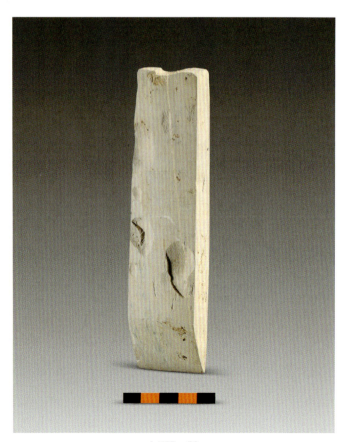

4.M95：51

图版5-3-219　M95出土石锛

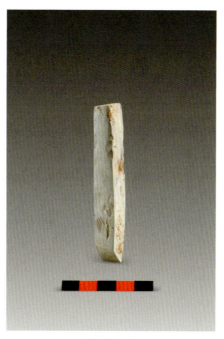

2.M95：46

1.M95：42

3.M95：47

4.M95：43

图版5-3-220　M95出土石凿

1.M95：38

2.M95：38端部穿孔

3.M95：38中部系孔

图版5-3-221 M95出土玉璜

1.M95：41

2.M95：41

3.M95：41系孔

图版5-3-222 M95出土玉镯

1.环（M95：30）

2.玦（M95：39）

3.玦（M95：40）

4.管（M95：37）

图版5-3-223　M95出土玉环、玦、管

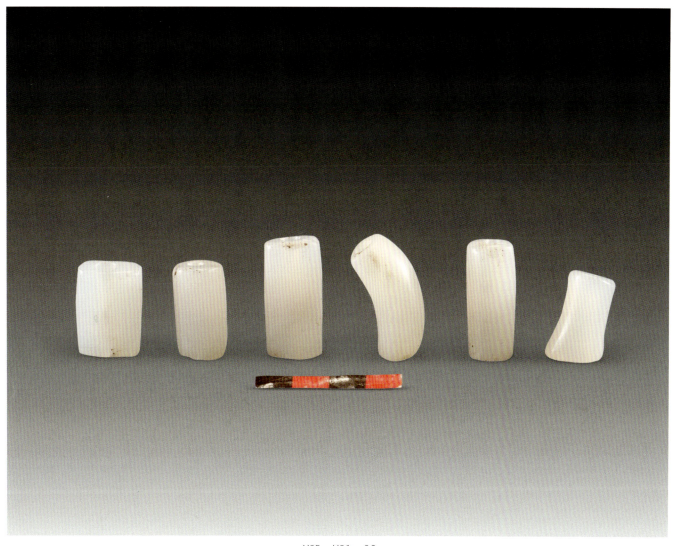

M95：M31～36

图版5-3-224 M95出土玉管合照

1.M95：31

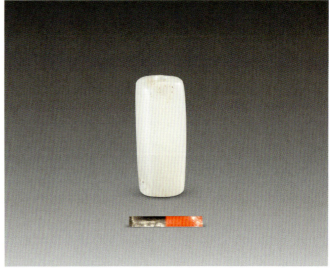

2.M95：32

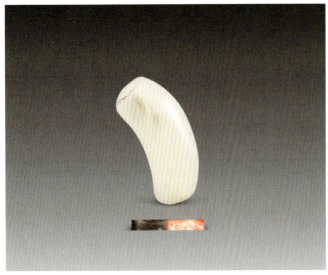

3.M95：33

4.M95：34

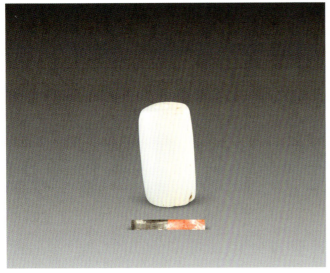

5.M95：35

6.M95：36

图版5-3-225　M95出土玉管

图版5-3-226 崧泽文化墓葬M96葬具痕迹（东北—西南）

图版5-3-227　M96清理情况（东北—西南）

09ZDM96

图版5-3-228　M96清理葬木棺痕迹后情形（东北—西南）

图版5-3-229　M96随葬器物出土情形（东北—西南）

1.M96随葬器物出土情形（东北—西南）

2.M96墓主头部出土器物（东北—西南）

图版5-3-230 M96随葬器物出土情形

1.M96墓坑中部偏南出土器物（西南—东北）

2.M96墓坑南部出土的器物（东南—西北）

图版5-3-231　M96随葬器物出土情形

1.M96玉器出土情形（西—东）

2.M96出土的动物骨骼痕迹（东北—西南）

图版5-3-232　M96随葬玉器出土情形及动物骨骼痕迹

1. 铲形足鼎（M96：11）

2. 铲形足鼎（M96：13）

图版5-3-233　M96出土陶鼎

1.铲形足鼎（M96：19）

2.铲形足鬶（M96：8）

图版5-3-234　M96出土陶鼎、鬶

1.盘形豆（M96：3）

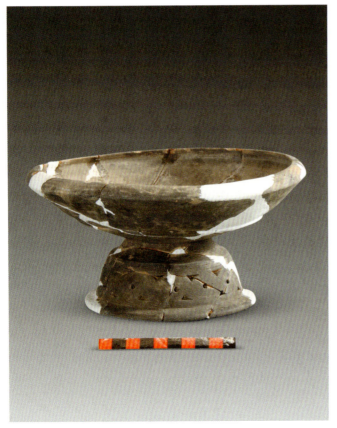

3.盘形豆（M96：6）

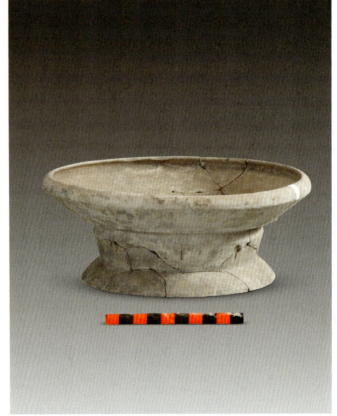

2.盘形豆（M96：4）

4.圈足盘（M96：1）

图版5-3-235　M96出土陶豆、圈足盘

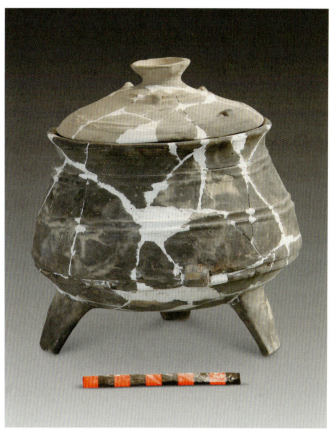

1.三足罐（M96：7）

2.三足罐（M96：20）

3.圈足罐（M96：18）

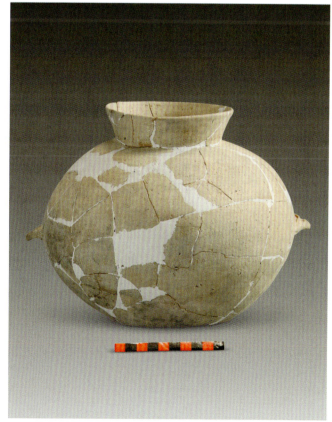

4.无腰脊罐（M96：21）

图版5-3-236　M96出土陶罐

1.折肩折腹罐（M96：5）

2.壶（M96：10）

3.钵（M96：17）

4.盆（M96：9）

5.圈足杯（M96：2）

6.纺轮（M96：12）

图版5-3-237　M96出土陶罐、壶、钵、盆、杯、纺轮

1.盆（M96：15）

2.盆盖（M96：14）

图版5-3-238　M96出土陶盆及盖

1.璜（M96：32，正面）

2.璜（M96：32，背面）

3.M96：32切割痕及钻孔

图版5-3-239　M96出土玉璜

1.镯形饰（M96：34，正面）

2.镯形饰（M96：34，背面）

3.镯形饰（M96：22）

4.系璧（M96：28）

图版5-3-240 M96出土玉镯形饰、系璧

1.M96：23

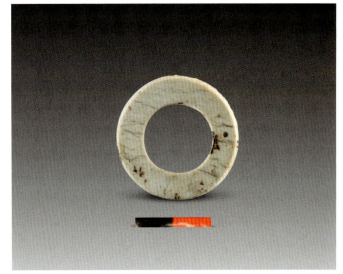

2.M96：24

3.M96：25（正面）

4.M96：25（背面）

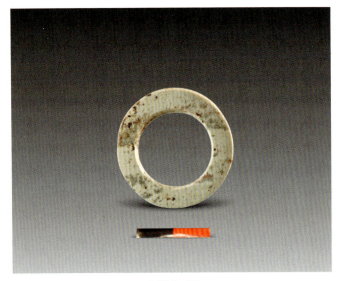

5.M96：26

6.M96：27

图版5-3-241　M96出土玉环

1.环（M96：30，正面）

2.环（M96：30，背面）

3.环（M96：31）

4.环（M96：33）

5.环（M96：35）

6.三角形饰（M96：29）

图版5-3-242　M96出土玉环、三角形饰

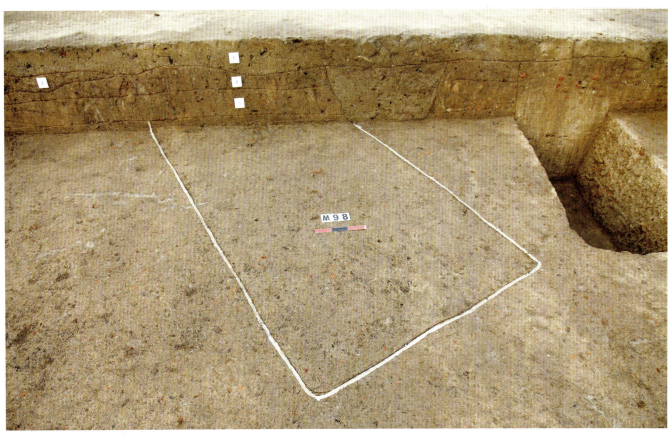

1.M98（清理前开口，南—北）

2.M98清理前开口（西南—东北）

图版5-3-243 崧泽文化墓葬M98清理前开口

1.M98采用二分之一解剖法清理（东北—西南）

2.M98发现的木棺朽痕（西南—东北）

图版5-3-244 M98清理情况

1.M98清理掉棺外填土后情形 （东北—西南）

2.M98清理掉棺内填土后情形（西南—东北）

图版5-3-245　M98清理情况

图版5-3-246 M98清理完毕后情形（东南—西北）

图版5-3-247 M98清理完毕后情形（西南—东北）

图版5-3-248 M98清理完木棺痕迹后情形（西南—东北）

1.樟痕内外陶器出土情形
（东南—西北）

2.墓坑东北角清理情况（北—南）

3.墓坑北部动物骨骼清理情况（北—南）

图版5-3-249　M98随葬器物及动物骨骼出土情形

1.石钺（M98：31）下方土壤上的
　朱砂痕迹（西南—东北）

2.石钺（M98：32）下方土壤上的
　朱砂痕迹（西南—东北）

3.玉石器出土情形（西南—东北）

图版5-3-250　M98随葬器物出土情形

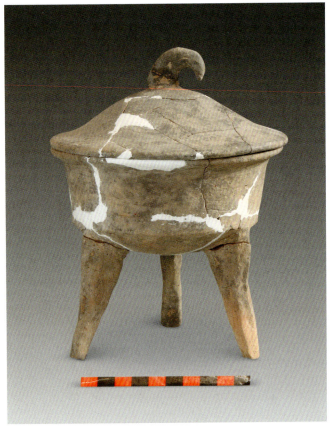

1.凿形足鼎（M98：16）

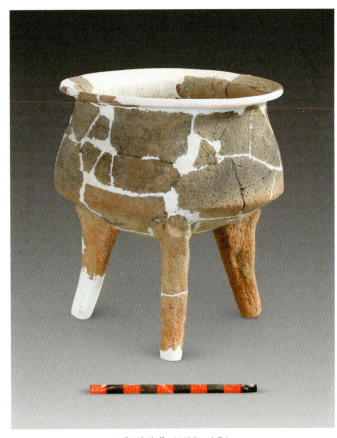

2.凿形足鼎（M98：17）

3.凿形足鼎（M98：19）

4.折肩折腹罐（M98：44）

图版5-3-251　M98出土陶鼎、罐

1.凿形足鬶（M98：3）

2.凿形足鬶（M98：11）

图版5-3-252　M98出土陶鬶

1.钵形豆（M98：1）

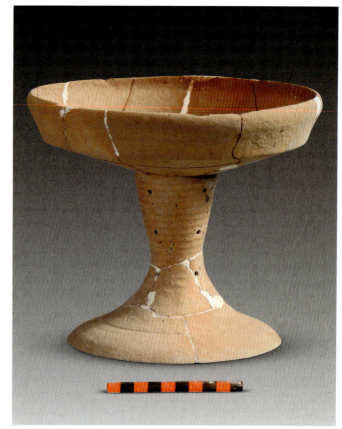

2.盘形豆（M98：8）

3.盘形豆（M98：12）

4.盘形豆（M98：13）

图版5-3-253　M98出土陶豆

1.碟形豆（M98：2）

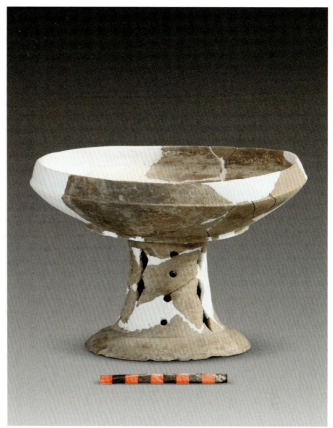

2.盘形豆（M98：20）

3.三足罐（M98：7）

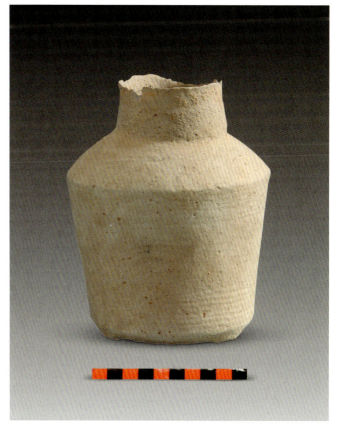

4.三足罐（M98：18）

图版5-3-254　M98出土陶豆、罐

1.无腰脊罐（M98：14）

2.有腰脊罐（M98：21）

图版5-3-255　M98出土陶罐

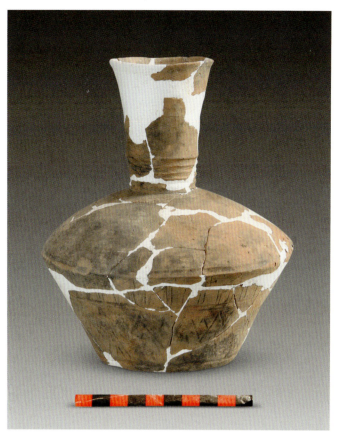

1.M98：5

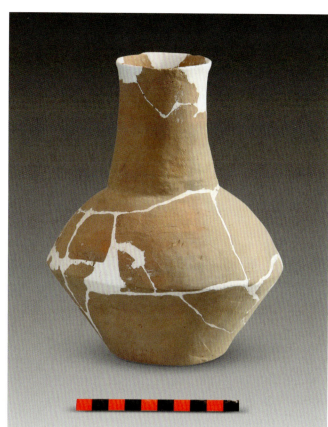

2.M98：9

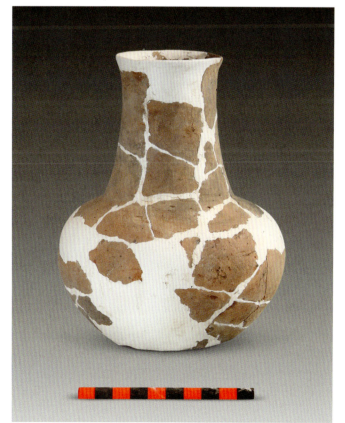

3.M98：10

4.M98：42

图版5-3-256　M98出土陶壶

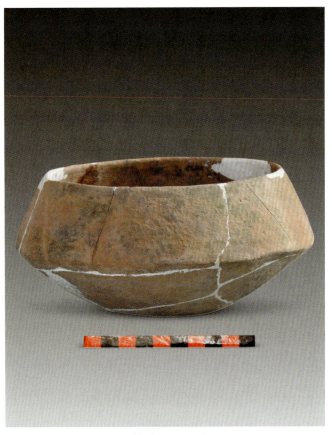

1.钵（M98：15）

3.瓦足杯（M98：22）

2.圈足杯（M98：4）

4.带把杯（M98：6）

图版5-3-257　M98出土陶钵、杯

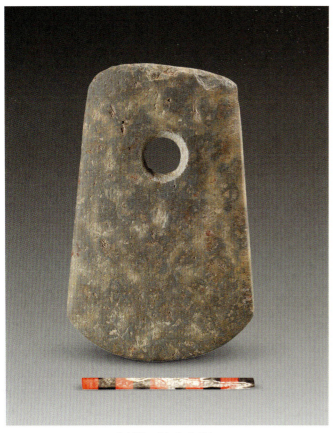

1.M98：31（正面）

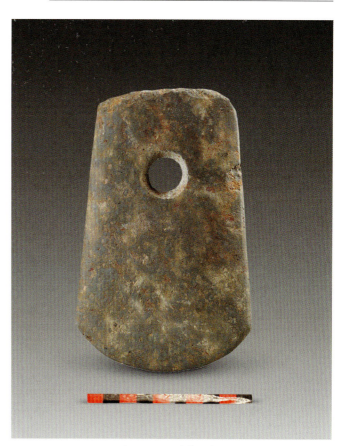

2.M98：31（背面）

3.M98：32（正面）

4.M98：32（背面）

图版5-3-258 M98出土石钺

1.钺（M98：30）

2.凿（M98：33）

3.凿（M98：34）

4.凿（M98：38）

图版5-3-259　M98出土石钺、凿

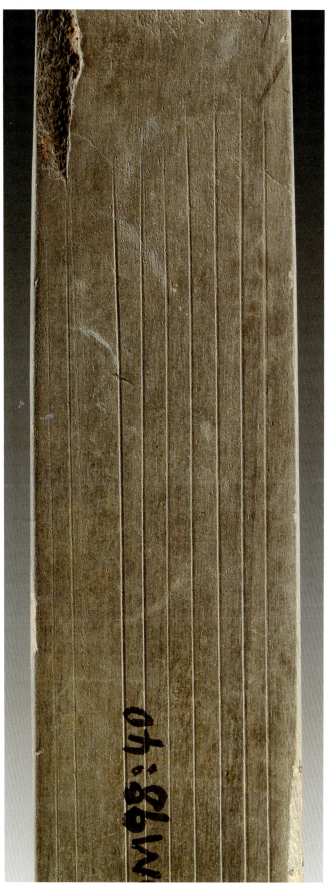

1.M98：40

2.M98：40侧面细刻槽

图版5-3-260　M98出土石凿

1.M98：35

2.M98：36

3.M98：39

4.M98：41

5.M98：37

图版5-3-261　M98出土石锛

1.璜（M98：28）

2. M98：28钻孔细部

3. M98：28钻孔细部

4.三角形饰（M98：23）

5.三角形饰（M98：24）

图版5-3-262　M98出土玉璜、三角形饰

1.M98：29

2.M98：29系钻细部

3.M98：29系钻细部

图版5-3-263　M98出土玉镯

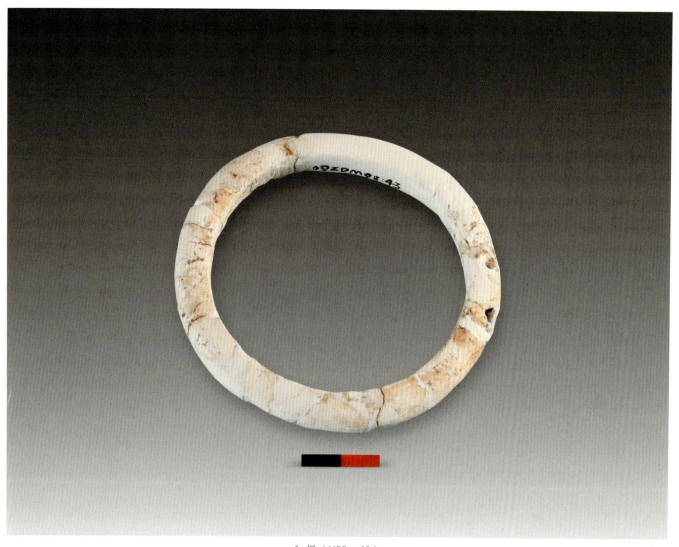

1.镯（M98：43）

2.带柄钺形饰（M98：25）

3.管（M98：26）

4.管（M98：27）

图版5-3-264　M98出土玉镯、带柄钺形饰、管

1.M99清理前开口（西南—东北）

2.M99二分之一解剖法进行清理（西南—东北）

3.M99清理完毕（西南—东北）

图版5-3-265　崧泽文化墓葬M99

1. 墓坑中部陶器出土情形（东北—西南）

2. 墓坑中部陶器出土情形（东北—西南）

3. 玉璜、饰件出土情形（东北—西南）

图版5-3-266 M99随葬器物出土情形

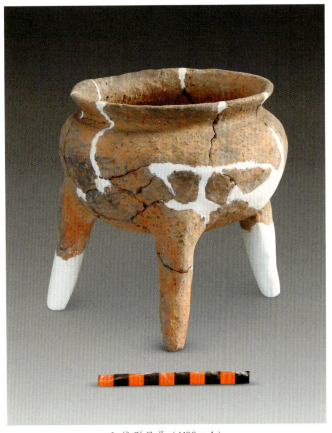

1.锥形足鼎（M99：4）

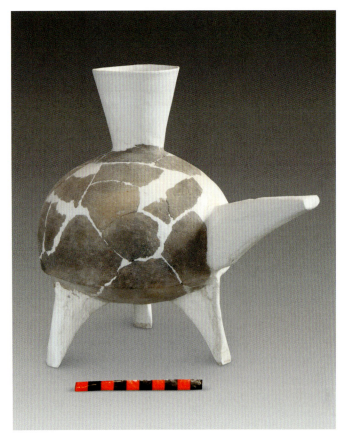

2.凿形足鬶（M99：9）

3.盘形豆（M99：5）

4.盘形豆（M99：7）

图版5-3-267　M99出土陶鼎、鬶、豆

1.有腰脊罐（M99：3）

2.无腰脊罐（M99：11）

图版5-3-268　M99出土陶罐

1.壶（M99：8）

2.壶（M99：13）

3.盆（M99：6）

图版5-3-269　M99出土陶壶、盆

1.玉璜（M99：2）

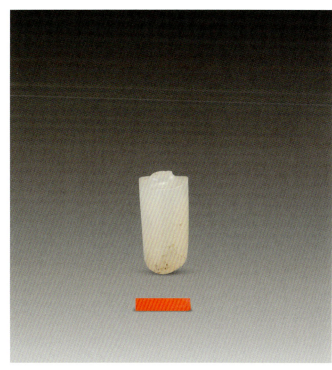

2.玉饰件（M99：1）

3.陶纺轮（M99：12）

图版5-3-270　M99出土玉璜、饰件及陶纺轮

1.M102清理前开口（东南—西北）

2.M102清理完毕（东南—西北）

图版5-3-271 崧泽文化墓葬M102清理前后

1. 陶器出土情形（西北—东南）

2. 陶器出土情形（东北—西南）

图版5-3-272 M102随葬陶器出土情形

1.铲形足鼎（M102：1）

2.盘形豆（M102：4）

图版5-3-273　M102出土陶鼎、豆

1.无腰脊罐（M102：2）

2.有腰脊罐（M102：6）

图版5-3-274 M102出土陶罐

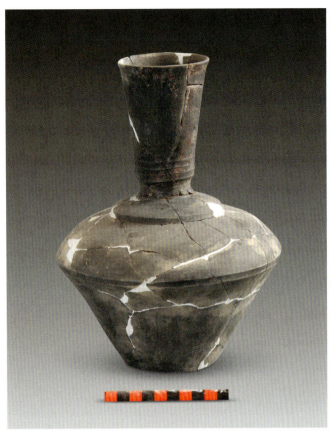

1.M102:3

2.M102:3颈部涂朱

3.M102:5

图版5-3-275　M102出土陶壶

1.凿形足鼎（T1606-1④a：1）

3.铲形鼎足（T1905④a：7）

4.铲形鼎足（T2006④a：1）

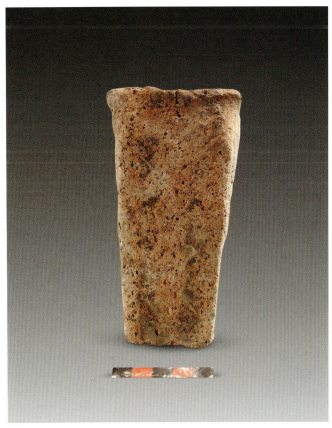

2.铲形鼎足（T1905④a：6）

5.铲形鼎足（T2006④a：2）

图版5-4-1　崧泽文化地层T1606-1、T1905、T2006④a层出土陶器标本

1.豆盘（T1905④a：2）

2.豆盘（T1905④a：3）

3.豆盘（T1905④a：4）

4.豆柄（T1905④a：5）

5.罐口沿（T1905④a：9）

6.罐口沿（T1905④a：10）

图版5-4-2　崧泽文化地层T1905④a层出土陶器标本

1.盆口沿（T1905④a：8）

2.纺轮（T1706④a：2）

3.纺轮（T1905④a：11）

4.纺轮（T1905④a：12）

图版5-4-3 崧泽文化地层T1706、T1905④a层出土陶器标本

1.锛（T1905④a∶1） 2.锛（T2006④a∶4） 3.刀（T2005④a∶2）

4.锛（T1906④a∶2） 5.锛（T1906④a∶3） 6.镞（T1905④a∶13）

图版5-4-4　崧泽文化地层T1905、T1906、T2005、T2006④a层出土石器标本

1.T1706④a：1

2.T1906④a：4

3.T1906④a：1

4.T2005④a：1

5.T2006④a：3

图版5-4-5　崧泽文化地层T1706、T1906、T2005、T2006④a层出土石凿

1.鼎口沿（T1905④b：2）

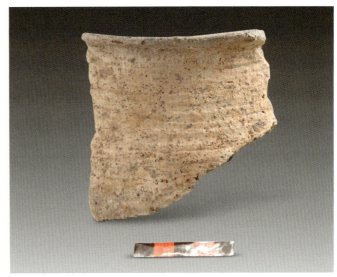

2.鼎口沿（T1905④b：3）

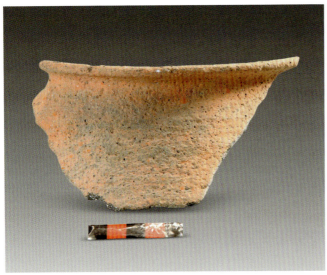

3.鼎口沿（T2006④b：3）

4.铲形鼎足（T1905④b：4）

5.侧三角鼎足（T2006④b：4）

6.铲形鼎足（T2006④b：5）

7.铲形鼎足（T2006④b：6）

图版5-4-6　崧泽文化地层T1905、T2006④b层出土陶器标本

1.豆盘（T1905④b：1）

4.罐口沿（T1905④b：5）

2.钵口沿（T2006④b：1）

5.罐口沿（T1905④b：6）

3.支座（T1905④b：9）

6.罐口沿（T1905④b：7）

7.罐口沿（T2006④b：2）

图版5-4-7　崧泽文化地层T1905、T2006④b层出土陶器标本

1.锛（T2006④b：7）

2.凿（T1905④b：8）

3.凿（T2005④b：1）

4.凿（T2006④b：8）

图版5-4-8　崧泽文化地层T1905、T2005、T2006④b层出土石器标本

1.鼎口沿（T2006⑤：3）

2.铲形鼎足（T1905⑤：2）

3.铲形鼎足（T1905⑤：3）

4.铲形鼎足（T2006⑤：2）

图版5-4-9　崧泽文化地层T1905、T2006⑤层出土陶器标本

1.陶豆盘（T2006⑤：1）

2.陶盆口沿（T1905⑤：1）

3.小陶钵（T2006⑤：5）

4.陶球（T1706⑤：1）

5.陶纺轮（T2006⑤：6）

6.石凿（T2005⑤：1）

图版5-4-10　崧泽文化地层T1706、T1905、T2005、T2006⑤层出土陶器、石器标本

1.豆柄（T1308④：1）

2.球（T1210④：2）

3.纺轮（T1210④：1）

4.纺轮（T1310④：2）

图版5-4-11　崧泽文化地层T1210、T1308、T1310④层出土陶器标本

1.斧（T1208④：1）　　　　2.锛（T1210④：4）　　　　3.锛（T1210④：5）

4.凿（T1209④：1）　　　　5.凿（T1210④：3）　　　　6.凿（T1210④：6）

图版5-4-12　崧泽文化地层T1208、T1209、T1210④层出土石器标本

1.鼎（T0509④：1）

3.豆柄（T0610④：1）

2.豆柄（T0611④：1）

5.盆口沿（T0610④：3）

6.炉箅条（T0611④：2）

7.纺轮（T0610④：2）

4.豆柄（T0710④：1）

8.网坠（T0510④：1）

图版5-4-13　崧泽文化地层T0509、T0510、T0610、T0611、T0710④层出土陶器标本

1.纺轮（T0509④：2）

2.锛（T0711④：2）

3.凿（T0510④：2）

4.凿（T0711④：1）

图版5-4-14 崧泽文化地层T0509、T0510、T0711④层出土石器标本

1.鼎足（T0611⑤：2）

2.豆盘（T0711⑤：7）

3.罐口沿（T0711⑤：3）

4.罐口沿（T0711⑤：4）

5.罐口沿（T0711⑤：5）

6.罐口沿（T0711⑤：6）

图版5-4-15 崧泽文化地层T0611、T0711⑤层出土陶器标本

1.盉（T0710⑤：1）

3.拍（T0610⑤：1）

2.盉（T0711⑤：8）

4.器盖（T0611⑤：1）

5.纺轮（T0609⑤：1）

6.纺轮（T0610⑤：2）

7.纺轮（T0610⑤：3）

图版5-4-16　崧泽文化地层T0609、T0610、T0611、T0710、T0711⑤层出土陶器标本

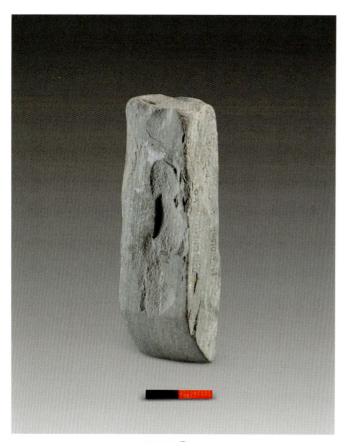

1.T0510⑤：1

2.T0510⑤：2

4.T0710⑤：1

3.T0711⑤：1

5.T0711⑤：10

图版5-4-17 崧泽文化地层T0510、T0710、T0711⑤层出土石锛

1.鼎口沿（T4⑪：1）

2.鼎足（T4⑩：2）

3.豆柄（T4⑪：5）

4.鼎足（T4⑩：3）

5.豆柄（T4⑩：1）

6.罐口沿（T4⑪：2）

7.罐口沿（T4⑪：3）

图版5-4-18 崧泽文化地层T4⑩、⑪层出土陶器标本

1.三足鼎（T4⑧：1）

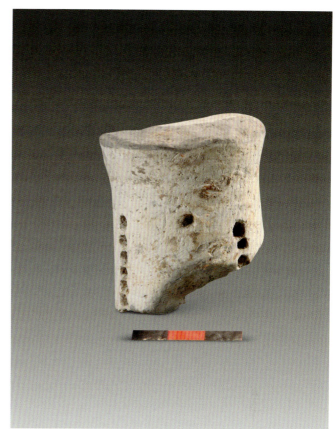

3.豆柄（T4⑧：8）

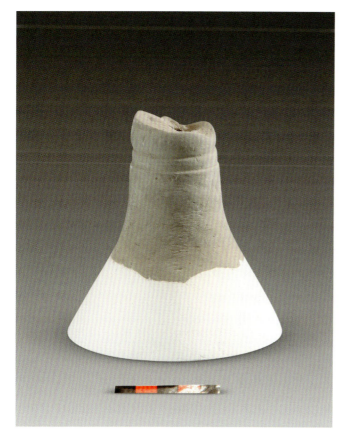

2.豆柄（T4⑧：6）

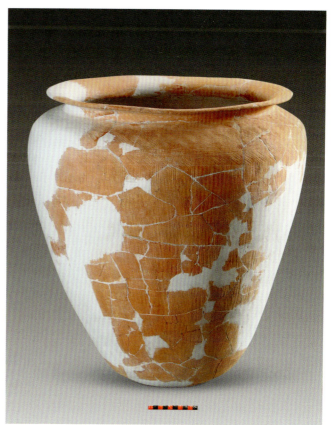

4.瓮（T4⑦：3）

附・图版1-1-1　T4内马桥文化地层出土陶器标本

1.M82（西南—东北）

2.铜镜（M82：7）

附·图版2-1-1　西晋墓葬M82及其出土铜镜

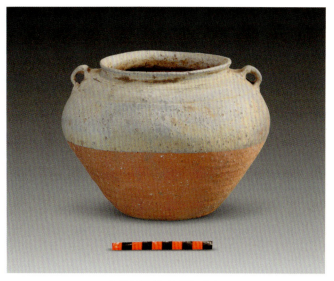

1.双系瓷罐（M82：1）

2.青釉瓷罐（M82：4）

3.青釉瓷钵（M82：2）

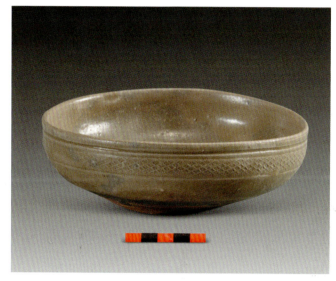

4.青釉瓷钵（M82：3）

5.银钗（M82：5）

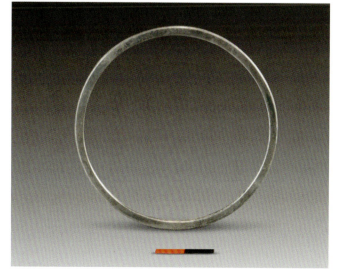

6.银镯（M82：6）

附·图版2-1-2　M82出土瓷罐、钵及银钗、镯

1.青釉瓷碗（T1906③a：4）

2.青釉瓷碗（T1208③：2）

附·图版2-2-1　地层中出土南朝青釉瓷碗

1. M37（东—西）

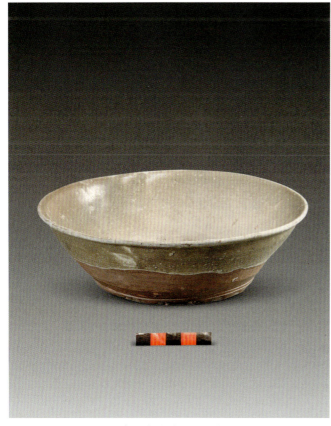

2.青釉瓷碗（M37：1）

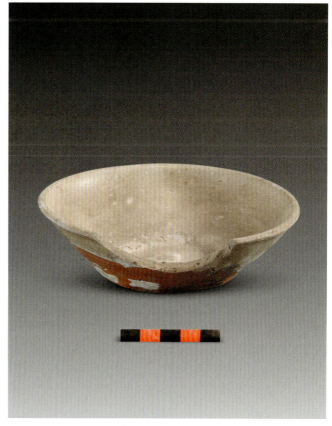

3.青釉瓷碗（M37：2）

附·图版3-1-1　唐代墓葬M37及其出土青釉瓷碗

1.M88（北—南）

2.银钗（M88：2）

3.铜镜（M88：1）

附·图版3-1-2 唐代墓葬M88及其出土银钗、铜镜

1.T1906③a：1

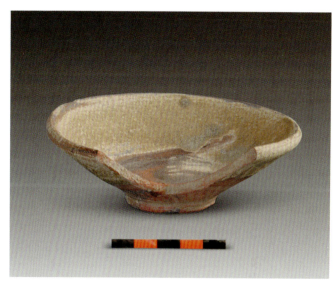

2.T1906③a：2

3.T1208③：1

4.T1209③：1

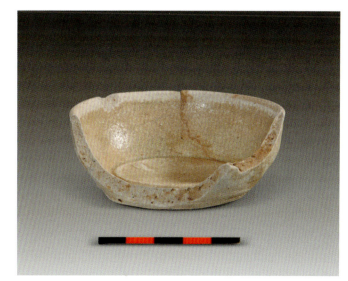

5.T0610③：1

6.T0709③：1

附·图版3-2-1　地层中出土唐代青釉瓷盏

附·图版3-2-2 地层中出土唐代青釉瓷碗、钵

1.碗（T1906③a：3）

2.碗（T1210②b：1）

3.碗（T1308②b：1）

4.钵（T2006③：1）

附·图版3-2-2 地层中出土唐代青釉瓷碗、钵

1.M28（北—南）

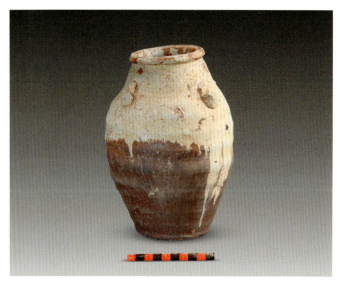

2.韩瓶（M28：1）

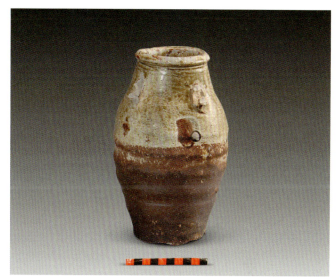

3.韩瓶（M28：2）

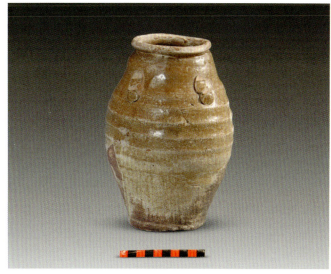

4.韩瓶（M28：3）

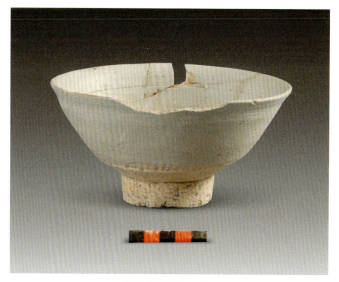

5.瓷碗（M34：2）

附·图版4-1-1　宋代墓葬M28及其出土韩瓶与M34出土瓷碗

1.M6（西—东）

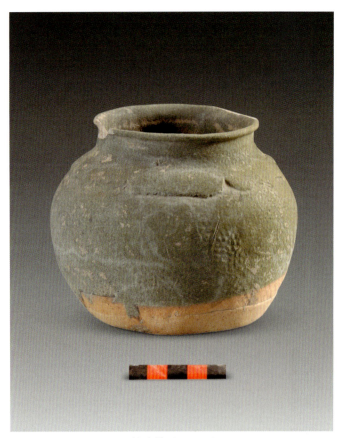

2.绿釉罐（M6：1）

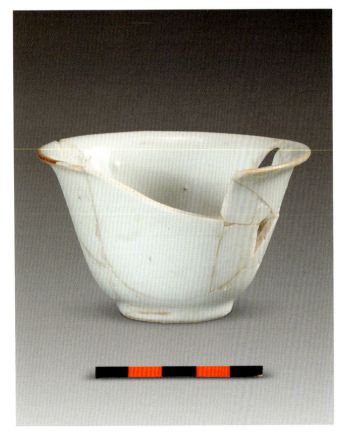

3.白瓷碗（M6：2）

4.白瓷碗（M6：3）

附·图版5-2-1　明清墓葬M6及其出土绿釉罐、白瓷碗

1.M7（西—东）

2.酱釉罐（M7：1）

3.青花瓷碗（M7：2）

4.青花瓷碗（M7：3）

附·图版 5-2-2　明清墓葬M7及其出土酱釉罐、青花瓷碗

1.M11（东北—西南）

2.青花瓷碗（M11：1）

3.青花瓷碗（M11：2）

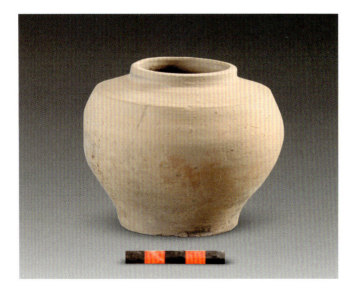

4.瓷罐（M11：3）

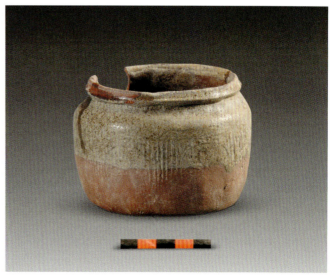

5.酱釉罐（M16：1）

附·图版5-2-3　明清墓葬M11及其出土青花瓷碗、瓷罐与M16出土酱釉罐

1. M12（东北—西南）

2. M16（南—北）

附 · 图版5-2-4　明清墓葬M12、M16

1.酱釉罐（M12：3）

4.青花瓷碗（M12：4）

2.青花瓷碗（M12：1）

5.青花瓷碗（M12：5）

3.M12：1碗底款印

6.白瓷碗（M12：2）

附·图版5-2-5 M12出土酱釉罐、瓷碗

1.M17（东北—西南）

2.酱釉罐（M17:3）

3.酱釉罐（M17:4）

4.青花瓷碗（M17:1）

5.青花瓷碗（M17:2）

附·图版5-2-6　明清墓葬M17及其出土酱釉罐、青花瓷碗

1.M18（东—西）

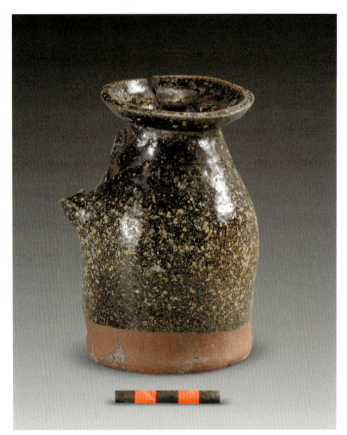

2.酱釉壶（M18:2）

3.铜镜（M18:1）

附·图版5-2-7　明清墓葬M18及其出土酱釉壶、铜镜

1.M21（北—南）

2.铜镜（M21：3）

附·图版5-2-8 明清墓葬M21及其出土铜镜

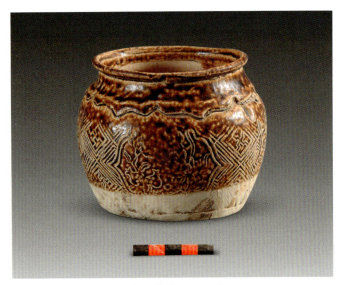

1.酱釉罐（M21：4）

2.青花瓷碗（M21：5）

3.青花瓷碗（M21：6）

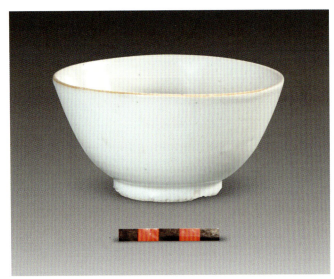

4.白瓷碗（M21：1）

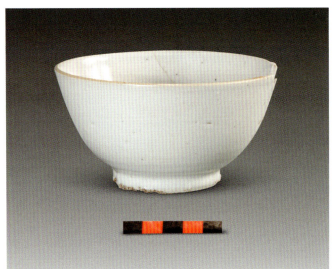

5.白瓷碗（M21：2）

附·图版5-2-9　M21出土酱釉罐、瓷碗

1.M23（东—西）

2.铜镜（M23：2）

3.琉璃簪（M23：5）

附·图版5-2-10　明清墓葬M23及其出土铜镜、琉璃簪

1.M25（东—西）

2.铜镜（M25：4）

附·图版5-2-11　明清墓葬M25及其出土铜镜

1.瓷罐（M23:1）

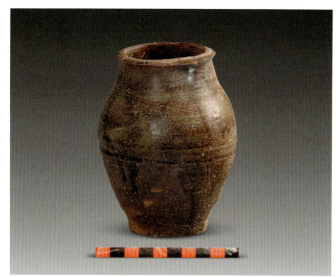

4.酱釉罐（M25:1）

2.白瓷碗（M23:3）

5.白瓷碗（M25:2）

3.白瓷碗（M23:4）

6.白瓷碗（M25:3）

附·图版5-2-12　M23、M25出土瓷罐、碗

1.M27（东—西）

2.M30（东南—西北）

附·图版5-2-13　明清墓葬M27、M30

1.酱釉瓶（M27：1）

4.碗内印字（M30：1）

2.白瓷碗（M27：2）

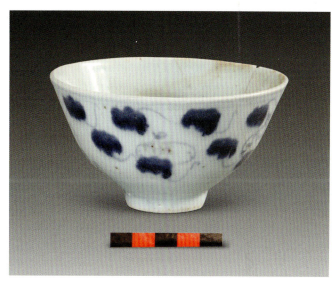

5.青花瓷碗（M30：1）

3.白瓷碗（M27：3）

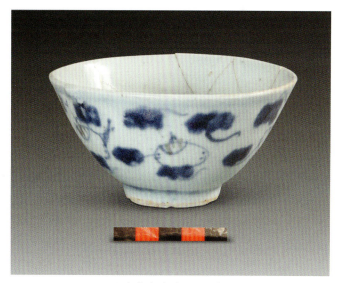

6.青花瓷碗（M30：2）

附·图版5-2-14　M27、M30出土酱釉瓶、瓷碗

1.M35（西南—东北）

2.M38（东南—西北）

3.M42（东—西）

附·图版5-2-15　明清墓葬M35、M38、M42

1.绿釉罐（M35：1）

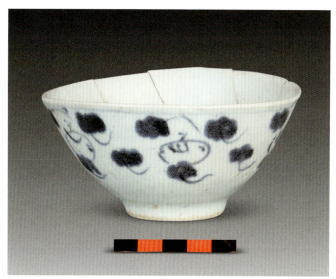

2.青花瓷碗（M35：2）

3.酱釉罐（M38：1）

4.青花瓷碗（M42：1）

5.酱釉罐（M42：2）

6.铜镜（M42：3）

附·图版5-2-16　M35、M38、M42出土绿釉罐、酱釉罐、青花瓷碗及铜镜

1.M39（东南—西北）

2.M44（东—西）

附·图版5-2-17　明清墓葬M39、M44

1.M39：1

2.M39：2

3.M44：1

4.M44：2

5.M44：3

6.M44：4

附·图版5-2-18　M39、M44出土青花瓷碗

1.M45与M46（东北—西南）

2.M47（南—北）

3.M55（东南—西北）

附·图版5-2-19　明清墓葬M45、M46、M47、M55

1.瓷坛（M45：1）

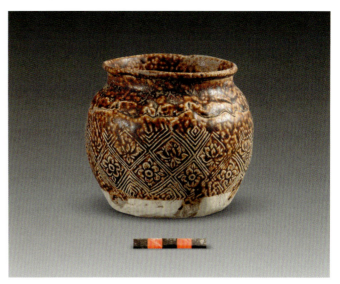

3.酱釉罐（M46：2）

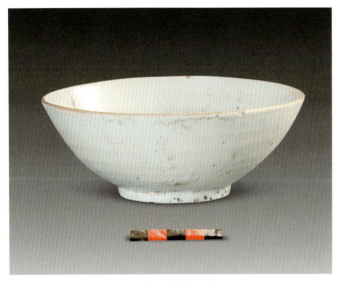

2.白瓷碗（M45：2）

4.青花瓷碗（M46：3）

5.青花瓷碗（M46：4）

附·图版5-2-20　M45、M46出土瓷坛、碗及酱釉罐

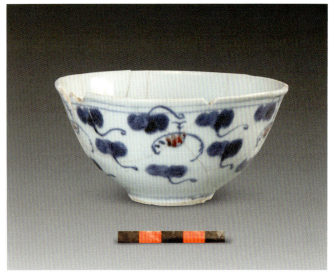

1.青花瓷碗（M47：1）

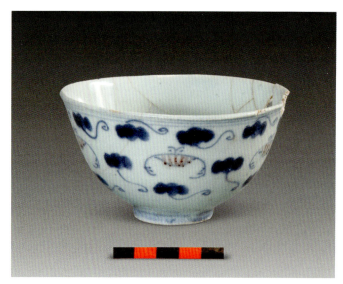

2.青花瓷碗（M47：2）

3.酱釉壶（M47：3）

4.酱釉罐（M47：4）

5.酱釉罐（M55：1）

附·图版5-2-21　M47、M55出土青花瓷碗、酱釉壶、酱釉罐

1.M60（东—西）

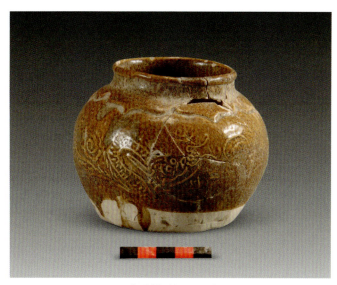

2.酱釉罐（M60：1）

3.青花瓷碗（M60：2）

4.青花瓷碗（M60：3）

附·图版5-2-22　明清墓葬M60及其出土酱釉罐、青花瓷碗

1.M64（北—南）

2.M66（东—西）

附·图版5-2-23　明清墓葬M64、M66

1.酱釉罐（M63∶1）

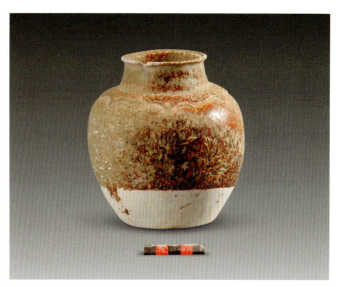

2.酱釉罐（M64∶1）

3.青花瓷碗（M64∶2）

4.青花瓷碗（M64∶3）

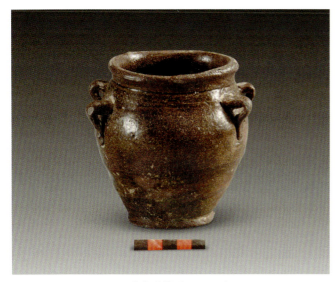

5.四系酱釉罐（M66∶1）

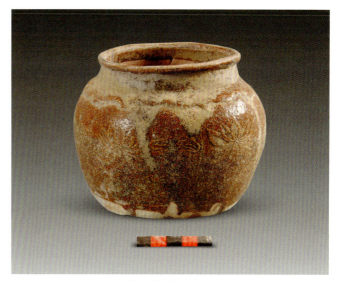

6.酱釉罐（M66∶4）

附·图版5-2-24　M63、M64、M66出土酱釉罐、青花瓷碗

1. 碗内印花（M66:2）

3. 碗内印花（M66:3）

2. M66:2

4. M66:3

5. M66:5

6. M66:6

附·图版5-2-25　M66出土白瓷碗

1.M70（北—南）

2.M71（南—北）

附·图版5-2-26　明清墓葬M70、M71

1.青花瓷碗（M70：1）

4.青花瓷碗（M71：2）

2.青花瓷碗（M70：2）

5.青花瓷碗（M71：3）

3.酱釉罐（M71：1）

附·图版5-2-27　M70、M71出土青花瓷碗、酱釉罐

1.M72（北—南）

2.酱釉罐（M72：1）

3.酱釉罐（M72：4）

4.青花瓷碗（M72：2）

5.青花瓷碗（M72：3）

附·图版5-2-28　明清墓葬M72及其出土酱釉罐、青花瓷碗